Walter Kowalczyk | Winfried Deister

99 Tipps

Störungsfreier Unterricht

Dr. Walter Kowalczyk Leitender Schulpsychologe in der Landesschulbehörde, Standort Hannover

Winfried Deister Diplompädagoge, Realschullehrer, Beratungslehrer, mehrere Jahre Seminarleiter für Pädagogik am Studienseminar Hameln, jetzt Schulleiter der Realschule Delligsen

Walter Kowalczyk | Winfried Deister

99 Tipps
Störungsfreier Unterricht

Cornelsen
SCRIPTOR

Die in diesem Werk angegebenen Internetadressen haben wir überprüft (Redaktionsschluss Oktober 2008). Dennoch können wir nicht ausschließen, dass unter einer solchen Adresse inzwischen ein ganz anderer Inhalt angeboten wird.

Nicht in allen Fällen war es uns möglich, den Rechteinhaber ausfindig zu machen. Berechtigte Ansprüche werden selbstverständlich im Rahmen der üblichen Vereinbarungen abgegolten. Wir bitten um Verständnis.

www.cornelsen.de

Bibliografische Information: Die Deutsche Bibliothek verzeichnet diese Publikation in der Deutschen Nationalbibliografie; detaillierte bibliografische Daten sind im Internet über http://dnb.ddb.de abrufbar.

Dieses Werk berücksichtigt die Regeln der deutschen Rechtschreibung, die seit August 2006 gelten.

5. 4. 3. 2. 1. Die letzten Ziffern bezeichnen
13 12 11 10 09 Zahl und Jahr der Auflage.

Konzeption/Projektleitung: Dorothee Weylandt, Berlin
Redaktion: Barbara Holzwarth, München
Herstellung: Brigitte Bredow, Berlin
Die Reihenkonzeption wurde von Cornelia Colditz und Claudia Kahlenberg im Rahmen eines studentischen Wettbewerbs im Studiengang Verlagsherstellung an der HTWK Leipzig (www.verlagsherstellung.de) unter Leitung von Julia Walch, Bad Soden, entwickelt.
Satz/Layout: Julia Walch, Bad Soden
Illustrationen: Mone Schliephack, Niedernhausen-Oberjosbach
Umschlagentwurf: Magdalene Krumbeck, Wuppertal
Druck und Bindearbeiten: CPI – Clausen & Bosse, Leck
Printed in Germany
ISBN 978-3-589-22823-2

Gedruckt auf säurefreiem Papier,
umweltschonend hergestellt aus chlorfrei gebleichten Faserstoffen.

Inhaltsverzeichnis

Für Entspannung und Bewegung sorgen

Die Entwicklung der Klasse begleiten

Schülern durch Strukturen Halt geben

Richtig miteinander sprechen

Besondere Situationen

Weiterführende Hinweise

Vorwort

Die Klagen über schwierige Schüler, unruhige Klassen und gestörten Unterricht häufen sich. Wann aber bezeichnen wir einen Schüler als gestört? Ist der Jugendliche selbst gestört oder gilt dies vielmehr für die Beziehung zwischen ihm und seinem Lehrer? Möglicherweise reagiert der Lehrer ja auch besonders empfindlich auf bestimmte Verhaltensweisen eines Schülers?

Franz Sedlak beschreibt verschiedene Formen von Verhaltensabweichungen:

- Verhaltensauffälligkeiten: Ein Verhalten ist auffällig, abweichend von dem anderer, aber noch nicht notwendig schwierig oder gar gestört.
- Verhaltensschwierigkeiten: Ein Verhalten bewirkt beim Handelnden bzw. bei Mitbetroffenen Schwierigkeiten, muss aber noch nicht gestört sein.
- Verhaltensstörungen: Ein Verhalten ist in seinem Ablauf, seiner Zielgerichtetheit, seiner Ausprägung usw. gestört.

Diese verschiedenen Bezeichnungen bringen aber nicht nur Schweregrade zum Ausdruck, sondern beinhalten auch unterschiedliche Interpretationen und Wertungen.

Die Feststellung einer Störung setzt in jedem Fall einen Normalitätsbegriff voraus, der sich in der Regel an einem festgelegten Durchschnittswert orientiert.

Man sollte sich außerdem dessen bewusst sein, dass auffälliges Verhalten immer auch Appell- bzw. Signalcharakter hat und auf verschiedene Ursachen hinweisen kann, z. B.:

Der Schüler

- hat Lernschwierigkeiten.
- will der Lehrerin „eins auswischen“.
- kommt aus einer zerrütteten Familie.
- braucht besondere Zuwendung.
- braucht rasche Disziplinierung.
- hat unzureichende soziale Fähigkeiten.
- ist vom Unterricht gelangweilt.

Einzelne, mehrere oder alle der genannten Möglichkeiten können dabei gleichzeitig zutreffen. Dazu kommt, dass in-

dividuelle organische oder psychische Probleme eines Schülers seine Störanfälligkeit noch deutlich erhöhen können. Gehen Sie also am besten von einem Gefüge an Ursachen aus. Die Annahme, für jede Wirkung gäbe es (nur) eine ganz bestimmte Ursache, macht es schwierig, Verhalten in seinem Kontext zu sehen. Es bleiben dann Erklärungen außer Betracht, die dazu beitragen können, die Dinge zum Guten zu wenden.
Mögliche Entstehungsfelder für Unterrichtsstörungen sind in der folgenden Grafik zusammengefasst:

Entstehungsfelder für Unterrichtsstörungen

Wenn es um die Frage geht, welche pädagogischen Handlungsstrategien geeignet sind, Unterrichtsstörungen vorzubeugen oder sie zu beenden, kommen unterschiedliche Wissensbestände in Betracht. Sie lassen sich grob zwei Kategorien zuordnen: dem Alltagswissen von Personen mit Erfahrungen im pädagogischen Feld und den wissenschaftlich entwickelten Theorien und Befunden insbesondere aus der Lerntheorie, aus der Unterrichtsforschung und aus unterschiedlichen psychotherapeutischen Richtungen.
In die hier zusammengestellten Tipps sind Informationen aus beiden Wissensquellen eingegangen. Sie basieren auf

Ratschlägen von Lehrern und Schülern sowie auf Erkenntnissen von Theorien und Befunden aus der pädagogisch-psychologischen Literatur bzw. auf daraus abgeleiteten Handlungsempfehlungen.
Zwei Grundgedanken zum Schluss dieser Einführung:
„Erziehe dich selbst, bevor du Kinder zu erziehen trachtest", sagte der polnische Arzt und Pädagoge Janusz Korczak schon zu Beginn des letzten Jahrhunderts. Er wurde nicht müde, darauf hinzuweisen, dass Erziehung vor allen Dingen Selbsterziehung und Selbstreflexion bedeutet und es nicht darauf ankommt, keine Fehler zu machen, sondern sie zu erkennen und zu korrigieren – jeden Tag aufs Neue.
Und ein Sprichwort sagt: „Eine Unze Vorbeugung ist mehr wert als ein Pfund Behandlung."
Tipps sind Vorschläge zum Erproben und Weiterdenken. Wir möchten Sie ermuntern, die vorliegenden Tipps zu ergänzen und weiterzuentwickeln sowie neue Ideen zu gewinnen und auszutauschen.

Wir wünschen Ihnen viel Erfolg!
Walter Kowalczyk und Winfried Deister

PS: Aus Gründen der besseren Lesbarkeit wird in diesem Buch durchgehend die männliche grammatische Form verwendet. Natürlich sind damit auch immer Frauen und Mädchen gemeint, also Lehrerinnen Schülerinnen usw.

10 Top-Tipps ... Die Lieblingstipps der Autoren!

Checklisten helfen, bestimmte Situationen systematisch in den Blick zu nehmen und regen zugleich zum Bilanzieren über bisher Erreichtes an.

Die eigene Situation analysieren

Es ist zu empfehlen, die folgenden Fragen mit einem Kollegen zu diskutieren. Gespräche mit Berufskollegen – idealerweise im Zusammenhang mit gegenseitigen Unterrichtsbesuchen – sind wirksame Lernmöglichkeiten und helfen bei der Entwicklung eines persönlichen Konzeptes (Tipp 4).

Gespräche mit Berufskollegen

› Tipp 4

Gleich mal ausprobieren

1. Wie steht es mit meiner Beziehung zu den Schülern? Habe ich zu allen Schülern eine positive Beziehung (Tipp 10)?

› Tipp 10

2. Ist mein Unterricht gut vorbereitet und interessant? Erkläre ich den Stoff klar und prägnant (Tipp 11)?

› Tipp 11

3. Habe ich ein persönliches Konzept bezüglich Disziplin und Klassenführung? Habe ich ein Konzept zur mittel- und langfristigen Beeinflussung der sozialen Entwicklung meiner Klasse?

4. Gibt es in meinem Unterricht klare Regeln und Grenzen? Wurden die Schüler bei ihrer Festlegung mit einbezogen (Tipp 45)?

› Tipp 45

5. Helfe ich bei der Aneignung und Umsetzung wertschätzender Umgangsformen?

6. Reagiere ich bei Disziplinschwierigkeiten und Konflikten angemessen? Zeigen meine Reaktionen Wirkung? Habe ich ein gewisses Repertoire an Reaktionsmöglichkeiten, aus dem ich wählen kann (Tipp 58, 59)?

› Tipp 58, 59

7. Kenne ich die Eltern meiner Schüler? Habe ich sie über meine Unterrichtsführung informiert? Unterstützen sie meine disziplinarischen Bemühungen?

2 Störungen diagnostizieren

Um Unterrichtsstörungen zu verstehen, muss man den jeweiligen Sachverhalt genau erfassen und darf sich dabei nicht auf eine pauschale Wahrnehmung oder vorgefasste Interpretationsmuster beschränken.

Fragen zur Analyse von Störungen

Als Hilfe zur genaueren Bestimmung von im Unterricht aufkommenden Störungen eignet sich der folgende Katalog analytischer Fragen:

1. Lässt sich die jeweilige Unterrichtsstörung eingrenzen?
   - Verstoß gegen in der Klasse und/oder in der Schule geltende Regelungen
   - akustische oder visuelle Dauerstörung
   - Störung aus dem Außenbereich des Unterrichts
   - Lernverweigerung und Passivität
2. Auf welcher Ebene wird die Störung als solche definiert?
   - ausschließlich vom Lehrer her
   - ausschließlich von den Schülern her
   - vom beeinträchtigten Lehr- und Lernprozess her
3. Lassen sich Störungsfolgen beobachten oder vermuten?
   - kurze Stockung
   - längere Unterbrechung
   - hartnäckige Blockade
   - allgemeine Verstimmung
   - neuerliche Störungen
   - körperliche oder psychische/soziale Schädigungen
   - Rückwirkungen auf die Lehrinhalte, Lehrmethoden, Beziehungen u. a.
4. Liegen die Ursachen mehr im unterrichtlichen Zusammenhang?
   - im lehrerzentrierten Unterrichtsstil
   - im angstbesetzten Schulalltag
   - in schulorganisatorischen Schwierigkeiten (Tipp 95) › Tipp 95
5. Liegen die Ursachen mehr im psychisch-sozialen Zusammenhang?
   - beim Schüler (organische, psychische, soziale Dimension) (Tipp 97, 98) › Tipp 97, 98
   - beim Lehrer (organische, psychische, soziale Dimension)

- in der Lehrer-Schüler-Interaktion (Tipp 12)
- im familiären Hintergrund der Schüler
- in der Wirkung von Gruppenzwängen
- in gesellschaftlichen Widersprüchen

› Tipp 12

3 Die eigene Belastung ermitteln

Art und Grad der Belastung festhalten

Schreiben Sie in einer bestimmten Schulwoche nach jeder Stunde alle Störungen auf, an die Sie sich erinnern. Unterstreichen Sie die Verhaltensweisen, die Sie am meisten belasten, je nach Grad der Belastung ein- bis mehrfach.
Fassen Sie ähnliche Verhaltensweisen zu jeweils einer Kategorie zusammen. Folgende Stichpunkte können Ihnen dafür eine Anregung sein:

- Verbales Störverhalten, z. B. schwatzen, vorlautes Verhalten, Zwischenrufe, herabsetzen, provozieren
- Mangelnder Lerneifer, z. B. Träumen, Desinteresse, Unaufmerksamkeit, Nebenbeschäftigungen
- Motorische Unruhe, z. B. zappeln, kippeln, herumlaufen
- Aggressives Verhalten, z. B. beleidigen, drohen, Wutausbrüche, Sachen wegnehmen, Sachbeschädigungen, Angriffe auf Personen

Austausch mit Kollegen

Diskutieren Sie die von Ihnen aufgelisteten Belastungen mit einem Kollegen. Die Zusammenstellung ist eine wichtige Grundlage für Sie, um darauf aufbauend ein Konzept zu entwickeln, wie Sie auf die jeweilige Art von Störung reagieren möchten, um sie abzustellen (Tipp 4).

› Tipp 4

4 Ein persönliches Konzept

Vorgehensweise bei Unterrichtsstörungen

Erstellen Sie sich ein persönliches Konzept, wie Sie im Falle von Unterrichtsstörungen vorgehen möchten und können. Ein solches Konzept gibt Ihnen in der konkreten Situation Sicherheit. Das Grundprinzip Ihrer Vorgehensweise sollte lauten: von der Problemklärung zum rechtzeitigen Handeln unter Beachtung der Zuständigkeit. Folgender Leitfaden fasst mögliche Handlungsschritte zusammen und gibt Ihnen eine Reihe wichtiger Hilfen an die Hand.

SOS-Tipp

› Tipp 2

1. Beobachtung: Wer fällt auf, wer stört wen, welches Problem besteht (Tipp 2), wo und wann wird gestört bzw. wer zieht sich zurück? Wann ist der richtige Zeitpunkt, um tätig zu werden?

2. Heranziehen von Kollegen zur Beobachtung, um sich über Wahrnehmungen auszutauschen (Hospitation).

3. Möglichst frühzeitiges Heranziehen von Vertrauenspersonen (z. B. Kollege, Beratungslehrer).

› Tipp 86, 87

4. Sammeln von Informationen: Gespräch mit dem Schüler selbst (je nach Problemstellung und Alter des Schülers), Gespräch mit den Erziehungsberechtigten (Tipp 86, 87), Gespräch mit dem Schulleiter, ggf. Gespräch mit dem Schulpsychologen.

5. Klärung: Wer trägt welche Verantwortung? Wie organisieren wir das gemeinsame Tragen von Verantwortung (Last auf mehrere Personen verteilen)?

6. Einberufung einer Klassenkonferenz (Einbeziehen aller befassten Lehrer): Erarbeiten von Zielsetzungen mit individuellem Förderplan, Beschluss von pädagogischen Veränderungen.

7. Inanspruchnahme von Helfersystemen (in Absprache mit den Erziehungsberechtigten): insbesondere von Beratungslehrern und Schulpsychologen. Ziel ist zunächst eine Klärung der weiteren Vorgehensweise (Was kann ich selbst lösen, was muss ich delegieren?).

8. Konkrete Interventionen durch Experten (insbesondere Diagnose, Beratung).

9. Rückkoppelung mit der Schule (z. B. Helferkonferenz, Eltern-Lehrer-Gespräch, Experten).

10. Weiterführende Maßnahmen (z. B. fachkundige Behandlungen, (sonder-)pädagogische Maßnahmen).

Schnelle Rückkehr zum Unterricht

Ziel der Intervention ist die rasche Unterbindung der Störung, um umgehend zum Unterricht zurückkehren zu können. Problemlösungen erfolgen später. Störungen dürfen also nicht Vorrang vor dem Unterricht haben. Gute Interventionen beenden allerdings nicht nur effektiv die jeweilige Störung, sondern leiten gleichzeitig auch eine Problemlösung ein.

Sie sollten jedoch bedenken: Jede Intervention ist zugleich eine Störung. Einerseits wollen Sie nicht auf jede kleine Störung überreagieren, andererseits müssen Sie früh genug eingreifen, um Eskalationen zu vermeiden. Aber wann ist früh genug? Und wie sollte man intervenieren? Folgende Hinweise helfen weiter:

- Der von der Intervention ausgehende störende Einfluss sollte nicht größer sein als die Störung, gegen die sie gerichtet ist.
- Fertigen Sie eine Liste zur „Null-Toleranz-Politik" an, auf der Sie für sich und für die Schüler festhalten, welche Verhaltensweisen Sie im Klassenraum unter keinen Umständen durchgehen lassen, z. B. Mobbing oder andere Formen physischer und psychischer Gewalt.
- Wann immer Sie intervenieren, tun Sie es konsequent. Machen Sie keine Ausnahmen. Fangen Sie nicht in diesem Moment an, über abgesprochene Regeln und Konsequenzen zu diskutieren oder sich zu rechtfertigen. Handeln Sie (z. B. Tipp 79) und kehren Sie schnellstmöglich zum Unterricht zurück. Ihre Reaktion muss für die Schüler berechenbar sein. Oder anders formuliert: Es kommt weniger darauf an, wo die Grenzlinie verläuft, als dass sie deutlich und geradlinig ist.
- Halten Sie unbedingt die Stufen der Eskalationsleiter ein. Beginnen Sie auf dem niedrigsten Level mit den Maßnahmen zur Unterstützung bzw. zum „Dranhalten" (Tipp 73). Überspringen Sie keine Stufe. Versuchen Sie, auch in besonders angespannten Situationen stets deeskalierend zu wirken (Tipp 80).

Konsequenz zeigen

› Tipp 79

Eskalationsleiter einhalten

› Tipp 73

› Tipp 80

Achtung!

Beim Intervenieren

- nicht ermahnen, sondern Ich-Botschaften oder beschreibende Rückmeldungen geben.
- nicht drohen. Kündigen Sie vor allem niemals etwas an, was Sie nicht umsetzen können oder wollen!

Um die Ecke gedacht

Es ist empfehlenswert, frühzeitig mit der Klasse das Gespräch über das Thema Interventionen und Konsequenzen zu suchen, am besten bevor die ersten fällig werden. Sie können mit den Schülern zu jeder Klassenregel eine (logische) Konsequenz vereinbaren oder eine „Interventions-Eskalations-Leiter" absprechen (Tipp 50). Wenn die Regeln des Spiels „Unterricht" im Konsens geklärt sind, ist der Lehrer nicht die strafende Autoritätsfigur, sondern mehr eine Art Schiedsrichter, der entscheidet, ob eine Regelverletzung vorliegt. Die Konsequenzen folgen automatisch (Tipp 59). Fehlentscheidungen sind aber niemals ausgeschlossen. Außerdem können in die Überwachung auch die Schüler miteinbezogen werden (Tipp 52).

› Tipp 50
› Tipp 59
› Tipp 52

6 Auf Formulierungen achten

Oft scheitert das Bemühen, einem Schülerverhalten Einhalt zu gebieten, bereits an Formulierungen der Lehrkraft.

Achtung!

Zu weiche oder zu allgemeine Formulierungen sind klassische Kommunikationsfallen, die höchstens dazu führen, dass Kinder oder Jugendliche nicht zuhören. Eine klare, mit Entschiedenheit vorgetragene Botschaft erhöht dagegen die Aussicht auf Erfolg beträchtlich.

Kommunikationsfallen

Folgende Kommunikationsfallen sollten Sie im Unterricht vermeiden:

- Fragen, Bitten
  „Glaubst du nicht, dass du Hausaufgaben machen solltest?"
  Absicht: nicht autoritär wirken, einen Konflikt möglichst vermeiden.
  Besser: *„Ich möchte, dass du die Hausaufgaben ordentlich erledigst."*
- Aufforderungen aus dem Hintergrund
  „Hört mit den Rangeleien an den Gruppentischen auf!"
  Der Lehrer blickt, während er das sagt, auf die Tafel und notiert dort etwas.
  Besser: *„Löst jetzt die Aufgaben 3 und 4 auf dem Arbeitsblatt; sprecht nur so laut, dass ihr eure Nachbarn nicht stört."* (Blickkontakt mit der gesamten Klasse)

Blickkontakt halten

- Zu schneller Kontaktabbruch
  „Schreib das Datum und eine passende Überschrift dazu."
  Gleich nach der Aufforderung wendet sich der Lehrer wieder ab; die Schülerin ist noch mit anderen Sachen beschäftigt.
  Besser: Bei der Schülerin stehenbleiben, bis der Arbeitsauftrag erfüllt ist. Nach einem Lob weitergehen.
- Verbote statt Anweisungen
  „Schmier nicht so!"
  Der Lehrer schüttelt missbilligend den Kopf.
  Besser: *„Wenn du das Löschblatt benutzt, verschmiert die Schrift nicht."*
- Anordnungen ohne Vorwarnungen
  „Zieht als Erstes sofort einen breiteren Korrekturrand!"
  Die Schüler sind noch beim Ausmalen einer Figur.
  Besser: *„Ihr braucht einen breiteren Korrekturrand. Zieht ihn spätestens in zehn Minuten."*
- Warum-Fragen
  „Warum schreibst du den Satz nicht von der Tafel ab?"
  Der Schüler soll ein Fehlverhalten rechtfertigen (eine Schuld einräumen); er wird sich in der Regel in Ausflüchte retten.
  Besser: *„Schreib jetzt bitte den Satz in dein Heft."*

- Appelle an die Einsicht
  „Du musst doch einsehen, dass die Berichtigung nicht auf einem losen Zettel stehen darf."
  Der Schüler soll die Sicht des Erwachsenen übernehmen, eigene Überlegungen sind unerwünscht.
  Besser: *„Übertrage noch die Berichtigung ins Heft; dann ist alles an Ort und Stelle."*
- Androhung von unrealistischen Strafen
  „Wenn du noch einmal störst, fliegst du aus der Klasse!"
  Keine leeren Drohungen
  Der Lehrer hofft auf die einschüchternde Wirkung einer maßlosen Drohung.
  Besser: *„Wenn du eine Frage hast, melde dich bitte."*

7 Souverän auftreten

Auch im Auftreten spiegelt sich die persönliche Souveränität wider. Dies betrifft folgende Bereiche:

Kleidung

Professionalitätsanspruch

- Unterstreichen Sie Ihren Professionalitätsanspruch durch Ihr Äußeres und kommen Sie nicht in Freizeitkleidung zur Schule.
- Kleiden Sie sich nicht wie ein Jugendlicher im Stil Ihrer Schüler, dies wirkt anbiedernd und schafft eher disziplinarische Probleme.
- Seien Sie im Zweifelsfall besser gekleidet als Ihre Schüler, vor allem bei Prüfungen oder Abschlussfeiern.

SOS-Tipp

Stärken Sie Ihre Position durch die Kleiderwahl: Gerade wenn sie eher klein und zierlich sind oder eine leise, dünne Stimme haben, sollten Sie sich nicht wie eine graue Maus kleiden. Besonders für den ersten Auftritt in einer neuen Klasse gilt: „You never get a second chance to make a first impression!"

Körpersprache

- Bewegen Sie sich im Raum! Setzen Sie sich so wenig wie möglich.
- Unterstreichen Sie Ihr Erscheinungsbild durch eine aufrechte Körperhaltung (Tipp 9).
- Blicken Sie Ihre Schüler an – sehen Sie aber nicht immer dieselben Schüler an.
- Verstecken Sie Ihre Hände nicht, sondern unterstreichen Sie Ihre Worte mit Gestik und Mimik.

› Tipp 9

Achtung!

Achten Sie darauf, dass die nonverbalen Signale kongruent zu Ihren sprachlichen Botschaften sind (Tipp 8).

› Tipp 8

Sprache

- Vermeiden Sie Schülerslang.
- Dulden Sie keine vulgäre oder obszöne Sprache.
- Seien Sie Vorbild – auch in der Sprache. Helfen Sie Ihren Schülern durch Ihr Beispiel, sich besser auszudrücken.
- Das Wichtigste: Drücken Sie sich verständlich aus.

Keine Schülersprache

8 Körpersprache im Unterricht

Der Lehrer produziert mit seinem Körper eine Sprache, die die Schüler verstehen lernen müssen, um erfolgreich durch den Schulalltag zu kommen. Umgekehrt ist es für den Lehrer nützlich, wenn er die Körpersprache seiner Schüler entschlüsseln kann. Sowohl die Verbal- als auch die Körpersprache kann Inhalts-, Beziehungs- und Prozessbotschaften übermitteln, die Schwerpunkte sind aber ungleich verteilt: Inhaltsbotschaften werden im alltäglichen Unterricht überwiegend über die Verbalsprache, Beziehungsbotschaften überwiegend über die Körpersprache (Tipp 9), Prozessbotschaften sowohl über die Verbal- als auch über die Körpersprache vermittelt.

› Tipp 9

Gleichklang zwischen Verbal- und Körpersprache

Der Erfolg des Unterrichts hängt in besonderem Maße davon ab, inwieweit es dem Lehrer gelingt, zwischen seiner Verbal- und seiner Körpersprache einen Gleichklang zu erzielen. Wenn die Verbalsprache dem Gegenüber anderes vermittelt als die zeitgleich ausgesandte Körpersprache, können sich die zu übermittelnden Botschaften im harmloseren Fall gegenseitig neutralisieren. Im ungünstigsten Fall erzeugt das Auseinanderklaffen von Verbal- und Körpersprache Verunsicherung und Verwirrung bei den Schülern, sie wissen nicht, woran sie beim Lehrer sind. Häufig resultieren Unterrichtsstörungen aus diesem Phänomen. Bittet beispielsweise ein Lehrer seine Schüler mit zitternder, unsicherer und leiser Stimme um Ruhe, so schließen die Schüler daraus, der Lehrer habe Probleme, seine Forderungen durchzusetzen. Diese Annahme verleitet sie dazu, weiter zu stören und eventuell sogar eine Eskalation der Situation in Kauf zu nehmen.

Gleich mal ausprobieren

Blickkontakt

Um am Anfang der Stunde Kontakt mit der Klasse aufzunehmen, ist es ratsam, den Blick langsam im Raum schweifen zu lassen und so die Blicke der Schüler regelrecht zu sammeln. Erst dann wenden Sie sich verbal an die Klasse. Dem Anfänger fällt die Kontaktaufnahme leichter, wenn er sich zunächst auf positiv gestimmte Schüler konzentriert und diese freundlich anblickt. Auch im weiteren Verlauf des Unterrichts ist es wichtig, dass Sie sich um intensiven Blickkontakt zur Klasse bemühen. Im Falle einer Unterrichtsstörung kann Ihr Blick letztlich sogar zum Interventionsinstrument werden (Tipp 74).

› Tipp 74

Haltung

Sie sollten nach Möglichkeit in der ganzen Körperbreite zu sehen sein, frei im Raum stehend. Es ist günstig, weite, offene, ruhige Kontaktgesten in Richtung der Schüler zu machen, wobei sich die Arme in Brusthöhe bewegen und die Handflächen nach oben zeigen.

Distanzzonen

Wenn Sie ein Klima schaffen möchten, in dem sich die Schüler wohlfühlen, müssen Sie auf die Einhaltung der verschiedenen Distanzzonen achten. Man unterscheidet:

- die Ansprachedistanz (etwa 2–4 m, wichtig z.B. für den Lehrervortrag; ermöglicht Blickkontakt mit der ganzen Klasse),
- die persönliche Distanz (etwa 60 cm–1,50 m, ermöglicht Kontaktaufnahme durch gezieltes Ansprechen Einzelner),
- die Intimdistanz (etwa 50–60 cm, ermöglicht persönliche Kontaktaufnahme, Herausholen aus der Anonymität. Sie kann auf den Schüler aber bedrohlich wirken (Tipp 80)!).

› Tipp 80

9 Körpersignale bewusst einsetzen

Mit Ihrer Körperhaltung senden Sie Ihrem Gegenüber Informationen über Ihren emotionalen Zustand. Eine aufrechte Körperhaltung beispielsweise signalisiert in der Regel Gefühle wie Freude, Selbstsicherheit, Zuversicht, Offenheit und Verbundenheit mit anderen. Voraussetzung für eine aufrechte Körperhaltung ist u. a. die Fähigkeit zur Selbstwahrnehmung. Man sollte zum einen ein Gefühl für das eigene Körperbild entwickeln (Wann stehe ich aufrecht, wo ist mein Schwerpunkt, wie fließt mein Atem usw.?). Zum anderen geht es darum, die aufrechte Körperhaltung einzunehmen und immer wieder zu erspüren, ob die Haltung noch stabil ist bzw. sich verändert hat. Je ausgeprägter die Selbstwahrnehmung ist, desto schneller und leichter kann die körperbasierte Selbstregulation wirksam werden.

Selbstwahrnehmung

Wenn es Ihnen gelingt, Ihr Körperverhalten effektiv einzusetzen, dann ist

Körperverhalten effektiv einsetzen

- ein intensiver Kontakt mit den Schülern möglich,
- die eigene Präsenz und Körperenergie deutlich spürbar,
- die Vermittlung der Inhalte sowie die Aktivierung der Kooperationsbereitschaft leichter möglich,
- weniger Angst im Spiel, Fehler zu machen, und mehr Mut vorhanden, Neues zu wagen.

SOS-Tipp

Den Rücken gerade machen, durchatmen, den Schülern in die Augen gucken, nicht nach unten schauen. Sie können sich vorstellen, ein starker Baum zu sein, der in der Erde verwurzelt ist und Kraft und Standfestigkeit ausstrahlt. Gehen Sie außerdem auf Ihr Gegenüber zu, treten Sie nicht schüchtern auf, dann haben Ihre Worte eine andere Wirkung – und die Schüler hören besser zu.

CARING

10

Beziehung aufbauen

Als Lehrperson sind Sie stets darum bemüht, eine gute Beziehung zu allen Ihren Schülern aufzubauen. Dabei versuchen Sie,

- durch gutes Beobachten und aktives Zuhören ihre Gefühle sowie ihr Denken und Handeln zu verstehen,
- sie zunächst so zu akzeptieren, wie sie sind (Tipp 21),
- ihre Ängste, Unsicherheiten und Probleme zu erkennen, um ihnen im vertrauensvollen, unterstützenden Dialog zu helfen, ihr Lernen zu verbessern und sich als Persönlichkeit weiterzuentwickeln sowie zu lernen, aufgrund einer Beurteilung die eigenen Möglichkeiten und Grenzen richtig einzuschätzen (Tipp 90).

› Tipp 21

› Tipp 90

Evaluierung

Lassen Sie sich von Ihren Schülern in regelmäßigen Abständen Rückmeldung darüber geben, wie sie Ihre Beziehung zu ihnen einschätzen. Zu empfehlen ist es, eine anonymisierte Form der Befragung zu wählen, sodass die Schüler unbefangen ihre Meinung äußern können, ohne befürchten zu müssen, dass kritische Anmerkungen ihre Beziehung zum Lehrer dauerhaft stören oder sich gar negativ auf Zensuren oder Ähnliches auswirken. Werten Sie die Antworten der Schüler anschließend sorgfältig aus, um daraus eventuell Konsequenzen für Ihr Verhalten ziehen zu können. Der folgende Fragebogen kann für eine solche Evaluierung verwendet werden.

Gleich mal ausprobieren

	trifft zu ↔ trifft nicht zu
Unser Lehrer hört uns zu, wenn wir uns im Unterricht melden oder ihm etwas berichten.	1 2 3 4 5
Er gibt uns die Möglichkeit, zu zeigen, was wir können.	1 2 3 4 5
Er ermutigt und ermuntert uns.	1 2 3 4 5
Wir spüren, dass er uns Unterstützung und Hilfestellung gibt, wenn wir Schwierigkeiten beim Lernen haben.	1 2 3 4 5
Unser Lehrer spürt, wenn wir Probleme haben, spricht uns an und bietet Hilfe an.	1 2 3 4 5
Er drängt sich nicht auf und mischt sich nicht ein, wenn wir es nicht wünschen.	1 2 3 4 5
Er nimmt Rücksicht auf unsere Wünsche und Bedürfnisse.	1 2 3 4 5
Ich habe keine Hemmungen, ihn bei persönlichen Problemen anzusprechen.	1 2 3 4 5
Ich spüre, dass er sich für unsere Probleme interessiert.	1 2 3 4 5

11 Nachhaltiges Lernen fördern

Gute Lernbedingungen beugen Unterrichtsstörungen vor

Guter Unterricht, der nachhaltiges Lernen ermöglicht, ist eine wichtige Voraussetzung dafür, dass Unterrichtsstörungen gar nicht erst aufkommen. Wie ein solcher Unterricht aussehen soll, darüber wurde bereits viel veröffentlicht. Welche Antworten aber geben die Schüler selbst, wenn sie befragt werden, was ihnen beim Lernen hilft und nachhaltige Lernerfolge ermöglicht? Die Ergebnisse einer solchen Untersuchung sind im Folgenden zusammengefasst.

Kriterien nachhaltigen Lernens

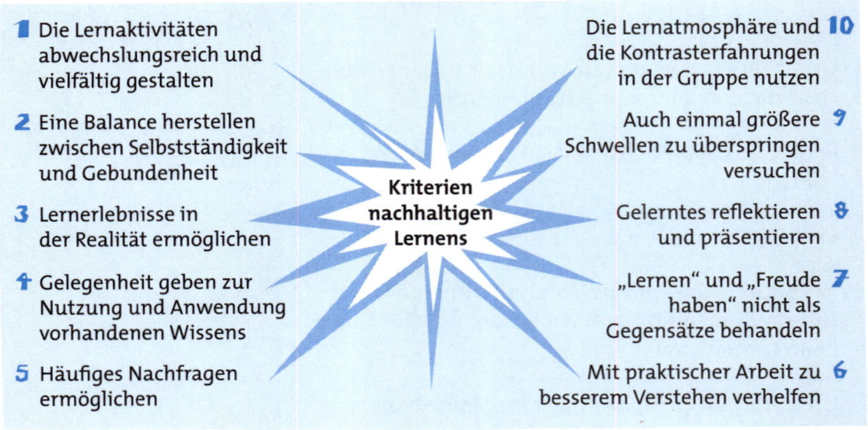

Hier einige Erläuterungen zu den einzelnen Punkten:

- Zu 1: Vielfältig angelegte Aktivitäten im Unterricht fördern die Arbeitsmoral, bringen Abwechslung, ermöglichen es den Lernern, unterschiedliche Rollen im Lernprozess einzunehmen, lassen individuelle Stärken zur Entfaltung kommen und rhythmisieren den Stundenverlauf.

Selbstständiges Arbeiten

- Zu 2: Schüler brauchen beides: klare Vorgaben und Phasen des selbstständigen Arbeitens. Der Lehrer kann einen thematischen Rahmen vorgeben, die Schüler sollten dann aber in eigener Regie Unterthemen wählen und Schwerpunkte setzen. Individuelle Erfahrungen können so in die Erarbeitung eingehen.

Bezug zur Realität

- Zu 3: Die Verknüpfung mit realen Erfahrungen macht Sachverhalte anschaulich und fördert ein tieferes Verständnis für den Lernstoff. Dabei treten sowohl der Aspektreichtum der Realität als auch die Begrenztheit theoretischer Konzepte hervor; die Nähe zu den Dingen motiviert in besonderer Weise.
- Zu 4: Gerade die wiederholte, variierende Anwendung des Gelernten in verschiedenen Kontexten und unterschiedlichen Situationen vermittelt authentische Erfahrungen mit den eigenen Kompetenzen und ist geeignet, Stolz auf das Geleistete hervorzurufen.

- Zu 5: Selbst eingeholte Informationen sind eine Voraussetzung für individuelle Wissenskonstruktionen; der Schüler muss immer wieder nachfragen können, damit er an sein bestehendes Wissen anknüpfen und dieses aktivieren kann.

Praktische Anwendung

- Zu 6: Durch praktische Anwendung wird das Theoretische mit Sinn gefüllt und es eröffnen sich zugleich neue Wege des Verstehens; praktisches Arbeiten aktiviert das Zusammenspiel verschiedener Lernkomponenten (kognitiv, sozial, emotional); Anschaulichkeit und Konkretheit sorgen zudem dafür, dass das Gelernte besser behalten wird.

Spaß am Lernen

- Zu 7: Was Spaß macht, weckt Interesse, Wohlgefühl und Freude am Tun – auch beim Lernen sind solche Gefühle im Spiel; dies gilt für die Schüler wie für den Lehrer: Wer den zu vermittelnden Lernstoff lustlos „runterrattert“, ist ein Störfaktor im Lernprozess(Tipp 19).

› Tipp 19

- Zu 8: Das Gelernte wird dadurch stabilisiert, dass man es noch einmal Revue passieren lässt; die Präsentation vermittelt Kompetenz- und Erfolgserlebnisse und fördert so das Vertrauen in die eigene Leistungsfähigkeit; zugleich sind damit starke Emotionen verbunden (Aufregung, Spannung), die Auslöser für eine intensive gefühlsmäßige Anbindung an die Inhalte sind.
- Zu 9: Besondere Situationen fordern – häufig unerwartet – dazu auf, Hemmungen zu überwinden und die anscheinend viel zu hohe Leistungsschwelle zu überspringen; dies löst Rückmeldungen über persönliche Ressourcen und Fähigkeiten aus und macht aus der anfänglichen Blockade eine attraktive Herausforderung.

Gruppenerfahrung

- Zu 10: Schüler lernen leichter, wenn sie eine Sache gemeinsam erkunden, besprechen und über einzelne Arbeitsgänge gründlich erforschen können (Tipp 37); sie werden dadurch mit anderen Lerngewohnheiten konfrontiert und sind immer wieder aufgefordert, Rückmeldungen zu geben, mit Kontrasten zu leben, fehlerhafte Annahmen zu korrigieren und unzutreffende Vorstellungen aufzugeben.

› Tipp 37

Die Schüler beteiligen

12

Impulse zum Mitdenken

„Habt ihr Fragen?“ Kaum jemand in der Klasse meldet sich. Wie können dagegen Impulse aussehen, die bei den Schülern Lust wecken, im Unterricht mitzudenken und mitzumachen?

Um die Ecke gedacht

Die klassischen Lehrerfragen „Habt ihr noch Fragen?“ oder „Habt ihr alles verstanden?“ können umformuliert werden in: „Was habt ihr (bereits) verstanden?“
Und sie können ersetzt werden durch:
„Was habt ihr eben erlebt?“
„Welche Punkte sollten noch geklärt werden?“
„Was zieht ihr daraus für einen Nutzen für euch persönlich, welchen Sinn hat das für euch?“
In einer Befragung merkten Schüler zum letztgenannten Aspekt an, diese Ebene des Nachdenkens sei besonders wichtig, aber auch sehr anspruchsvoll (Tipp 11). Sie werde im Schulalltag ihren Erfahrungen nach nur selten erreicht. Umso nachdrücklicher sollten Lehrkräfte und Schüler gemeinsam darauf hinarbeiten.

› Tipp 11

Das Farbprisma

13

Unmittelbare Rückmeldung zum Lernprozess

Mit dem Farbprisma können Sie von den Schülern eine schnelle Rückmeldung zu verschiedenen Kriterien des Lernprozesses (Verständnis, Interesse usw.) einholen, ohne dass Sie den Unterricht dafür lange unterbrechen müssen. Sie können Ihre Schüler zudem ermutigen, mit dem Prisma auch ohne Aufforderung immer wieder das eigene Verstehen oder die innere Teilnahme am Unterricht zu dokumentieren. So können Störungen (Schülerin „kommt nicht mehr mit“, Schüler ist desinteressiert usw.) schneller zu produktiver Veränderung führen.

Gleich mal ausprobieren

Material: weißer Karton und Farbstifte oder farbiges Papier (rot, gelb, grün) zum Bemalen bzw. Bekleben der drei Prismenflächen.

Aus Karton (A4) wird ein Prisma gefaltet (Säule mit der Grundfläche eines gleichseitigen Dreiecks) und die drei Flächen werden jeweils rot, gelb und grün bemalt oder beklebt. Jeder Schüler stellt sein Rückmeldungsprisma für den Lehrer gut sichtbar auf seinen Tisch. Wird nun ein neuer Lernstoff erklärt, unterbricht der Lehrer nach etwa zehn Minuten und bittet die Schüler, ihr Prisma einzustellen. Die Farbe der dem Lehrer zugewandten Seite hat folgende Bedeutung:

Grün: Ich habe nahezu alles verstanden, ich kann den Gedankengängen gut folgen, bin voll dabei.

Gelb: Ich habe einiges verstanden, manches aber auch nicht, ich kann nur mit Mühe folgen.

Rot: Ich verstehe nur sehr lückenhaft oder gar nicht, bin schon fast ausgestiegen.

Die Lehrkraft kann nun reagieren und bei Schwierigkeiten gezielt nachfragen.

Farbprismen aufstellen

In Stillarbeitsphasen ist zudem die Methode „Fragen-Klammer-System" (Tipp 76) eine gute Möglichkeit, auf Verständnisprobleme der Schüler aufmerksam zu werden.

› Tipp 76

14 Das Ampelfeedback

Schnelle Meinungserhebung

Das Ampelfeedback dient im Unterricht zur schnellen Meinungserhebung und zur Einleitung einer Diskussion. Es führt zu einem breiten Meinungsbild, eine Verzerrung durch die Meinungsführer der Klasse kann somit vermieden werden.

Gleich mal ausprobieren

Jeder Schüler erhält ein Set mit je einem grünen, einem gelben und einem roten Kärtchen (möglichst beidseitig farbig). Wollen Sie, dass Ihre Schüler zum gerade bearbeiteten Thema Stellung nehmen, so formulieren Sie diesbezüglich eine prägnante Aussage. Dann fordern Sie die Schüler auf, mit dem Anheben eines Kärtchens ihre Meinung kund zu tun.
Dabei haben die einzelnen Farben folgende Bedeutung:
Grün: Ich stimme zu.
Gelb: Ich weiß nicht recht.
Rot: Ich lehne diese Aussage ab.
Durch die Kombination von zwei Kärtchen (z. B. Grün mit einem kleinen Stück Gelb) kann die Zustimmung oder Ablehnung differenzierter dargestellt werden. Anschließend können die Schüler ihre Meinung auch verbal äußern.
Mit dieser Methode können sich die Schüler in der Klasse auch gegenseitig ihren Standpunkt hinsichtlich verschiedener für sie wichtiger Themen signalisieren.

15 Die Kugellager-Diskussion

Jeder Schüler muss sich äußern

Die Methode gewährleistet einen geordneten Ablauf von Diskussionen. Da die Schüler immer zu zweit diskutieren, hat keiner die Möglichkeit, die Klasse zu dominieren, wie dies bei Diskussionen im Plenum der Fall sein kann. Und andererseits werden auch zurückhaltende Schüler einbezogen, weil jeder sprechen muss. Diese Gesprächsform eignet sich auch sehr gut zum Erfahrungsaustausch.

Gleich mal ausprobieren

Man benötigt eine gerade Anzahl von Teilnehmern. Die eine Hälfte der Gruppe setzt sich in den Innenkreis, die andere Hälfte in den Außenkreis, und zwar so, dass sich jeweils zwei Schüler gegenübersitzen.
Die beiden Schüler, die sich gegenübersitzen, diskutieren dann für eine festgelegte Zeit (etwa drei Minuten) über das vereinbarte Thema. Danach wechseln die Gesprächspartner: Die Personen im Innenkreis bleiben sitzen, die Personen im Außenkreis rücken einen Platz weiter nach links. Diese Paare sprechen nun über dasselbe Thema oder einen weiteren vorgegebenen Aspekt. Danach wird wieder gewechselt, sodass alle Beteiligten mit mindestens drei anderen Personen gesprochen haben.

Kugellager-Schema

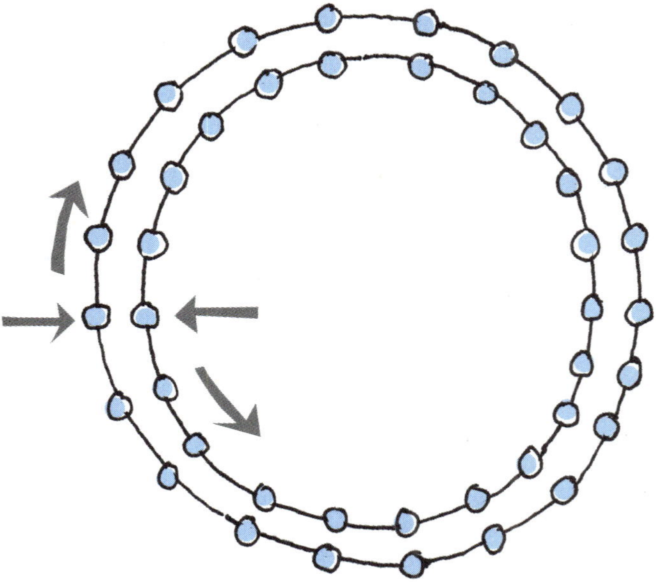

16 Das Gemeinschaftsthermometer

Gradmesser für das Beziehungsklima

Das auf ein Plakat gezeichnete Gemeinschaftsthermometer kann als Gradmesser der guten oder schlechten Klassenatmosphäre bzw. des positiven oder negativen Beziehungsklimas eingesetzt werden. Jeder Einzelne gibt am Thermometer anhand einer Gradzahl an, wie „kühl" oder „heiß" er das Klima empfindet. Entscheidend ist nicht, wie viele Schüler sich schlecht fühlen; es ist jeder Einzelfall ernst zu nehmen. Wer sich in der Beziehung zu den anderen nicht gut fühlt, hat das Recht, diese Außenposition und Klimaverschlechterung aufzuzeigen. Wird am Thermometer ein Klima-Tiefpunkt markiert, sollte daher die Atmosphäre in der Klasse zum Thema gemacht werden (Tipp 24, 62).

› Tipp 24, 62

Achtung!

Die Einschätzung am Gemeinschaftsthermometer muss regelmäßig vorgenommen werden, damit Entwicklungen sichtbar werden. Ohne diese kontinuierliche Visualisierung gehen Eindrücke und Stimmungen verloren und es ist außerdem nur schwer möglich, langsame Veränderungen im Klassenklima – sowohl zum Positiven als auch zum Negativen – wahrzunehmen.

17 Das Klassenbarometer

Umfrage zum Klassenklima

Ein regelmäßiger Blick auf das Klassenklima – sowohl aus Lehrer- wie aus Schülerperspektive – hilft, frühzeitig negative Entwicklungen wahrzunehmen und ihnen entgegenzuwirken. Teilen Sie den Schülern dazu einen Fragebogen nach dem Muster rechts aus und bitten Sie sie, anzukreuzen, wie weit die Aussagen zurzeit aus ihrer Sicht zutreffen. Die Schüler sollten dabei die Möglichkeit haben, ihre Einschätzung im Schutze der Anonymität vorzunehmen. Die Fragebögen sollten also nicht mit Namen versehen werden.

Gleich mal ausprobieren

		Dies stimmt			
		immer	oft	ab und zu	nie
1.	Der Unterricht gefällt mir gut.	3	2	1	0
2.	Schule ist Stress für mich.	0	1	2	3
3.	Es werden immer nur dieselben drangenommen.	0	1	2	3
4.	Ich mache für die Schule nur das Nötigste.	0	1	2	3
5.	Die Lehrkräfte sind sehr verständnisvoll.	3	2	1	0
6.	Wir helfen uns gegenseitig, bis alle es verstanden haben.	3	2	1	0
7.	In unserer Klasse denkt jeder nur an sich.	0	1	2	3
8.	Zusammenarbeit ist uns sehr wichtig.	3	2	1	0
9.	Ich habe Angst davor, mich zu melden.	0	1	2	3
10.	Die Gruppenzusammensetzungen sind nicht immer gleich.	3	2	1	0
11.	Wir haben Probleme miteinander.	0	1	2	3
12.	Wir haben einen guten Zusammenhalt in der Klasse.	3	2	1	0
13.	Einzelne Schüler sind allein auf sich gestellt.	0	1	2	3
14.	Außerhalb der Schule unternehmen wir nichts gemeinsam.	0	1	2	3
15.	Wir nehmen Rücksicht aufeinander.	3	2	1	0

Auswertung

Am Schluss zählen die Schüler pro Fragenblock ihre Punkte zusammen. Danach wird auf der Grundlage der Ergebnisse für jeden Fragenblock die Punktezahl im Klassendurchschnitt ermittelt. Nun kann das Gesamtergebnis anhand folgender Auswertung eingeschätzt werden und es können im Klassenplenum gemeinsam daraus resultierende Rückschlüsse und Konsequenzen besprochen werden (Tipp 64).

› Tipp 64

Fragen 1–5: Unterrichtsatmosphäre

0–4 Punkte: In eurer Klasse ist erfolgreiches Lernen kaum möglich. Ihr müsst euch dringend Gedanken darüber machen, wie ihr die Atmosphäre verbessern könnt. Bittet eure Lehrkräfte um Hilfe (Tipp 20, 38).

› Tipp 20, 38

5–9 Punkte: Es klappt bei euch schon recht gut. Aber ihr solltet durchaus darüber nachdenken, weitere Verbesserungen in Angriff zu nehmen.

10–15 Punkte: Bei euch ist die Atmosphäre sehr gut!

Fragen 6–10: Zusammenarbeit

0–4 Punkte: Zusammenarbeit findet praktisch nicht statt. Hier müsst ihr dringend etwas verändern, weil später im Beruf fast überall Teamfähigkeit verlangt wird (Tipp 37).

› Tipp 37

5–9 Punkte: Es geht zwar schon einigermaßen gut, aber ihr solltet euch um weitere Verbesserungen bemühen.

10–15 Punkte: Ihr seid genau auf dem richtigen Weg!

Fragen 11–15: Klassengemeinschaft

0–4 Punkte: Ihr habt dringenden Handlungsbedarf. Ihr müsst euch gegenseitig akzeptieren und respektieren lernen (Tipp 23, 32).

› Tipp 23, 32

5–9 Punkte: Letztlich ist es schon recht gut bei euch. Es ist wichtig, dass ihr im Blick behaltet, wie wichtig es für alle ist, sich wohlzufühlen.

10–15 Punkte: Bei euch gibt es eine gute Gemeinschaft, die stets um Zusammenhalt bemüht ist.

18 Der Stimmungsanzeiger

Stimmungsschwankungen gehören zum Alltag

Natürlich ist man nicht an jedem Tag gleich guter Stimmung. Es kann sich oft schon früh morgens vor der Schule etwas ereignet haben, das einem die Laune verdirbt. Andererseits kann man aber auch gut gelaunt in die Schule gekommen sein und im Laufe des Vormittags geschieht etwas, das einen verstimmt.

Stimmungen sind somit nicht nur in der momentanen Situation begründet. Wenn man allerdings über die aktuelle Stimmungslage des Gegenübers Bescheid weiß, lässt sich im Unterricht und im übrigen Schulalltag manche Konfliktsituation vermeiden.

Feedback zur eigenen Stimmungslage geben

Gleich mal ausprobieren

Alle Schüler und der Lehrer erhalten zwei Kartonstreifen in verschiedenen Farben, die zum Aufstellen in der Mitte geknickt werden. Man kann z. B. rote Kartonstreifen für negative Gefühle (Ärger, Wut, Frust, Ungeduld ...) und gelbe für positive Gefühle (Glück, Stolz, Dankbarkeit ...) verwenden.
Alle haben nun die Möglichkeit, den anderen die eigene Stimmung zu signalisieren, indem sie das entsprechende Kärtchen deutlich sichtbar auf ihren Tisch stellen. Ob sie davon Gebrauch machen, liegt in ihrem eigenen Ermessen. Es bleibt auch jedem selbst überlassen, ob und wie viel er über das visuelle Signal hinaus von seinen Gefühlen erzählen will. Die Kärtchen können im Laufe des Tages auch ausgetauscht werden oder wieder in der Tasche verschwinden.

Achtung!

Wichtig ist es, den Schülern deutlich zu machen, dass niemand von ihnen erwartet, jeden Tag gute Laune zu haben. Schlechte Laune darf auch unkommentiert bestehen, man kann also einfach einmal schlecht drauf sein und den Wunsch äußern, in Ruhe gelassen zu werden.

19 Positive Signale senden

Ein großes Problem für viele Lehrer ist die Langeweile, die sie oft am Stundenanfang bei den Schülern beobachten. Sie haben sich etwas Attraktives ausgedacht und hoffen, dass die Schüler sich begeistert auf die Arbeit stürzen. Angesichts des Desinteresses, das ihnen stattdessen entgegengebracht wird, könnten sie nun denken, dass es vollkommen normal und auch nicht anders zu erwarten ist, dass unter 25 bis 30 Schülern immer einige sind, die bei einem Lernangebot Enttäuschung oder Unzufriedenheit empfinden, sich nicht optimal bedient fühlen und dies zum Ausdruck bringen. Viele Lehrer meinen in dieser Situation aber, die Schüler würden ihr Angebot – mit dem sie sich so viel Mühe gegeben haben – ablehnen, weil es am Interesse der gesamten Klasse vorbeigehe. Diese Pädagogen lassen sich von der Stimmung der unzufriedenen Schüler anstecken, fühlen sich machtlos und resignieren.

Menschen zeigen im Allgemeinen eine große Bereitschaft, sich von den Stimmungen anstecken zu lassen, die sie bei anderen wahrnehmen. Weil dieser Vorgang wechselseitig funktioniert, spricht man von reziproken Affekten.

Positive reziproke Affekte senden

Das Senden positiver reziproker Affekte ist besonders für den Stundenbeginn wichtig. Auf diese Weise können Sie den Kontakt zu den Schülern herstellen und prüfen, ob „die Leitung stimmt“, d. h. ob die Kommunikation zwischen Ihnen und den Schülern funktioniert.

Gleich mal ausprobieren

- Sprechen Sie vor dem eigentlichen Unterrichtsbeginn einen Augenblick mit der Klasse oder mit einzelnen Schülern über persönliche Dinge (Tipp 20).

› Tipp 20

- Erzählen Sie den Schülern etwas Lustiges, was Sie gerade erlebt haben, oder einen Witz, den Sie gehört haben.
- Loben Sie die Schüler nachträglich für etwas, was sie in der vorangegangenen Stunde gut gemacht haben.
- Äußern Sie positive Erwartungen und zeigen Sie Optimismus und engagierte Aktivität, statt sich indirekt dafür zu entschuldigen, dass Sie die Schüler mit einem bestimmten Thema konfrontieren müssen.
- Versuchen Sie, die Schüler mit Ihrem persönlichen Engagement für das Thema anzustecken. Voraussetzung dafür ist, dass Sie sich mit einem Aspekt des Themas oder den Lernzielen identifizieren. Sie können etwas Lustiges an die Tafel schreiben oder zeichnen, den Schülern einige Rätsel stellen,

ein paar Sätze aus einem amüsanten Buch vorlesen, das Sie selbst gerade lesen, mit den Schülern die erste Strophe eines lustigen Liedes singen usw.

SOS-Tipp

Und wenn Ihnen gar nichts einfällt, dann fragen Sie einfach die Schüler: „Wisst ihr etwas Schönes oder Lustiges, damit wir einen angenehmen Stundenanfang haben?"

Die freundlichen drei Minuten 20

Manchmal wird in einer Klasse zu viel kritisiert und gemäkelt. Die Grundstimmung ist unangenehm (mit der Methode Gemeinschaftsthermometer kann die allgemeine Grundstimmung abgefragt und visualisiert werden (Tipp 16)). Dann empfiehlt es sich, ein Ritual einzuführen, das für eine achtungsvolle und freundliche Kommunikation sorgt: die freundlichen drei Minuten. In dieser Zeit wird

› Tipp 16

- hilfreiches und unterstützendes Verhalten einzelner Schüler gewürdigt (Tipp 23),
- sich positiv über Mitschüler und Schule geäußert,
- eine destruktive Beschwerde- und Kritikatmosphäre abgebaut.

› Tipp 23 Sich positiv äußern

Gleich mal ausprobieren

Schlagen Sie Ihren Schülern vor, die freundlichen drei Minuten einzuführen. Sie sollen währenddessen alles sagen, was sie freut, was sie an ihren Mitschülern gut finden und was ihnen gefallen hat. Folgende Regeln sollten in diesem Zeitraum einhalten werden:

- Nur über Gutes und Freundliches sprechen.
- Gut zuhören und es genießen, wenn über einen selbst etwas Nettes gesagt wird.
- Kritik, Beschwerden und Probleme werden an anderer Stelle vorgebracht (Tipp 25, 26).

› Tipp 25, 26

SOS-Tipp

> Falls die Schüler anfänglich Schwierigkeiten beim Formulieren haben, können Sie ihnen durch solche oder ähnliche vorgegebene Satzanfänge helfen, die z.B. an die Tafel geschrieben werden:
> Heute hat mich besonders gefreut, dass ...
> Ich möchte mich bei ... dafür bedanken, dass ...
> Schön fand ich gestern, dass ...
> Im Pausenhof habe ich beobachtet, wie ...
> Als ich auf dem Schulweg Schwierigkeiten hatte, da ...
> Gerade eben in der Deutschstunde ...
> Gestern bei den Pausenspielen ...

Die positive Brille

21

Positive Signale auffälligen Verhaltens

Wagen sie einmal einen Blick auf Ihre Klasse, mit dem Sie nur „das Gute" wahrnehmen. Dabei geht es nicht um eine einseitig positive Sicht bzw. Scheinharmonisierung, sondern um den konsequenten Versuch, das Verhalten der Schüler differenziert zu beobachten sowie auffälliges Verhalten auch in seinen positiven Konsequenzen oder Bedeutungen für den Einzelnen, der dieses Verhalten zeigt, und für die Gruppe zu bedenken. Außerdem sollte jedes positive Verhalten, unmittelbar wenn es gezeigt wird, anerkannt werden (Tipp 56, 57).

› Tipp 56, 57

Um die Ecke gedacht

> Setzen sie im wahrsten Sinne des Wortes bei der Beobachtung Ihrer Schüler eine „positive Brille" auf und fragen Sie sich:
> - Was könnte dieses Verhalten noch bedeuten?
> - Was sind die positiven Signale dieses Verhaltens?

Der Fragenkorb

22

Stellung nehmen

Die Methode ist für alle jene Situationen geeignet, in denen zu einem Thema persönliche Stellungnahmen der Schüler eingeholt werden sollen. Diese Themen können fachspezifisch (z. B. Thema „Meine Bilder von Gott" im Religionsunterricht) oder gruppenspezifisch (Fragen zur bevorstehenden Klassenfahrt) sein. Gerade auch im naturwissenschaftlichen Unterricht kann so über persönliche Hintergründe und Werthaltungen (z. B. Thema „Gentechnik") gesprochen werden.

Gleich mal ausprobieren

Die Klasse sitzt im Kreis. Die Lehrkraft stellt einen kleinen Korb (Schüssel o. Ä.) mit Fragezetteln in die Kreismitte. Die Fragen sollen zum jeweiligen Thema so ausgewählt sein, dass sie persönliche Antworten anregen, aber nicht zu intim sind. Der Lehrer fordert einen Schüler auf, einen Zettel zu ziehen. Dieser liest die Frage vor und sucht sich jemanden aus der Klasse aus, der dazu Stellung nehmen soll. Nachdem der Betreffende dies mit einigen Sätzen getan hat (Rückfragen der Gruppe sind möglich), zieht er einen neuen Zettel und richtet diese Frage an einen anderen Mitschüler seiner Wahl.

Wenn der Lehrer spürt, dass die Schüler Interesse für das jeweilige Thema entwickelt haben, kann er sie auffordern, selbst Fragen dazu auf Zettel zu schreiben. Mit diesen wird dann weitergespielt.

Stummes Schreibgespräch

Zur Vertiefung des Themas kann die Lehrkraft auch ca. acht bis zehn Fragen auswählen und auf leere A3-Blätter kleben. Diese werden auf Tischen ausgelegt, die Schüler gehen herum, schreiben ihre Antworten dazu und lesen die der anderen. Der Meinungsaustausch findet somit in einem stummen Schreibgespräch statt.

Erfolgsgeschichten erzählen

23

In Kleingruppen oder in der großen Runde werden Erfolgsgeschichten zusammengetragen, die mindestens zwei der anwesenden Personen betreffen. Diese Geschichten können sie selbst erlebt oder erzählt bekommen haben (wobei allerdings keiner über eine andere Person aus der Gruppe sprechen sollte).

Situationen gemeinsam meistern

Erfolg ist hier in dem Sinn zu verstehen, dass zwei oder mehrere gemeinsam etwas Schwieriges gemeistert haben. Dabei spielt es keine Rolle, wie dramatisch die Situation war. Mehrere Schüler können z. B. an einer Haltestelle einen unfreundlichen Busfahrer dazu gebracht haben, auf ein langsames Kind zu warten. Oder einige haben zwei andere dabei unterstützt, wieder miteinander zu reden. Indem die Gruppenmitglieder gegenseitig sich selbst sowie ihre Erfolge und ihre Arbeit würdigen, fühlen sie sich gut, motivieren einander und begeistern sich gegenseitig für ihre weitere Arbeit. Außerdem wird positives Verhalten, das öffentlich Aufmerksamkeit und Anerkennung findet, verstärkt und gefördert (Tipp 57).

› Tipp 57

Gesprächsleitfaden

Folgender Gesprächsleitfaden mit dem Motto „Erfolge auswerten, um sie nutzen zu können" kann bei der Durchführung der Methode hilfreich sein.

Gleich mal ausprobieren

Nach Erfolgen fragen

- Wann warst du das letzte Mal mit dir und deiner Arbeit zufrieden?
- Welche erfreuliche Situation hast du kürzlich erlebt?
- In welcher Situation ist dir etwas gelungen? Erzähle – in drei bis vier Sätzen – von einem deiner Erfolgserlebnisse aus der letzten Zeit.
- Worin bestand der Erfolg für dich?

Nach dem eigenen Beitrag fragen

- Wie hast du das gemacht?
- Wie ist dir das gelungen?
- Was war dein Beitrag dazu?

- Welche deiner Stärken und Fähigkeiten hast du dabei eingesetzt?
- Wie hast du dich darauf vorbereitet?

Nach dem Nutzen der Erfahrung in der Zukunft fragen
- Wie ließe sich der Erfolg für dich wiederholen?
- Auf welche anderen Situationen, in die du gelegentlich kommst, ließe sich der Erfolg übertragen?
- Wo kannst du deine in dieser Situation gezeigten Stärken und Fähigkeiten noch einsetzen?
- Welche Ratschläge oder Tipps könntest du uns aufgrund deiner Erfahrung, die du gemacht hast, geben, falls wir in eine ähnliche Situation kommen?

Nach Anerkennung fragen
- Wie hast du anderen davon erzählt – damit sie dich loben, belohnen, anerkennen und damit sie auch selbst etwas daraus lernen können?
- Wem hättest du noch davon erzählen können?
- Wie hast du dich dafür belohnt?

Die Plusminusrunde 24

In einer Plusminusrunde kann sich jeder Schüler kurz zur vergangenen Woche äußern. Aus den verschiedenen Wortmeldungen können dann beispielsweise wichtige Punkte für eine Plenumsdiskussion zusammengestellt werden (Tipp 64).

› Tipp 64 Gesprächsregeln

In der Plusminusrunde gelten besondere Gesprächsregeln:
- Jeder darf in der ersten Runde einen Pluspunkt („Ich habe mich gefreut darüber, dass …"/„Ich fand sehr gut, dass …") und in der zweiten Runde einen Minuspunkt („Ich habe mich geärgert über …") offen ansprechen.
- Während der Plusminusrunde darf niemand Äußerungen kommentieren, selbst wenn er selbst darin kritisiert wurde.
- Das Rederecht wird über einen Erzählstein oder -ball erteilt, der von Schüler zu Schüler weitergegeben wird.

- Die Teilnahme an der Plusminusrunde ist freiwillig – wer nichts sagen will, gibt den Erzählstein einfach an den Nächsten weiter.

Mit der Plusminusrunde wird in der Regel die Klassenratssitzung eingeleitet (Tipp 77). Der Schüler in der Moderatorenrolle fragt dann, ob angesprochene Punkte mit auf die Tagesordnung genommen werden sollten, um Mitschülern die Gelegenheit zu geben, später über bestimmte Kritikpunkte zu diskutieren.

› Tipp 77

Die Ärgerrunde

25

Gerade nach den Pausen haben sich bei einzelnen Schülern oft unangenehme Gefühle aufgestaut: Kleine Rempeleien, Beleidigungen oder auch Unachtsamkeiten verursachen beispielsweise Ärger, Wut oder Gekränktsein – Gefühle, die in den kurzen Pausen weder aufgearbeitet noch besprochen werden können. Diese unangenehmen Gefühle werden mit in die Klasse gebracht und stören dort den Unterricht sowie das Klassenklima. Ziel der Ärgerrunde ist es nun, diesem Ärger kurzfristig Raum zu geben, d. h. der emotionalen Seite eines Konfliktes Ausdruck zu verleihen, ohne ihn im Ganzen bis zur einvernehmlichen Lösung ausführlich zu besprechen. Die Schüler sollen dabei verstehen, dass unangenehme Gefühle in Konflikten häufig auftreten und dass man diese äußern darf und sogar soll. Über das Formulieren persönlicher Emotionen werden die Eigenwahrnehmung und das Sich-selbst-ernst-Nehmen der Schüler gefördert. Fast alle Schüler lernen in der Ärgerrunde das erste Mal eine Reaktionsweise kennen, die es erlaubt, den eigenen Ärger sozial verträglich zu äußern. Meist haben sie hierfür nur unsoziale Reaktionsweisen wie Anschreien, Beleidigen oder Zuschlagen zur Verfügung (Tipp 85). Deshalb haben sie bei der Anwendung der Methode möglicherweise zunächst Schwierigkeiten, die sich mit zunehmender Übung jedoch ausgleichen.

Ärger kurzfristig Raum geben

Sozial verträgliche Reaktionsweise auf Ärger lernen

› Tipp 85

Gleich mal ausprobieren

In der Ärgerrunde muss die dreiteilige Ärgermitteilung angewendet werden. Diese besteht aus:

1. dem Gefühl, das einen gerade bewegt,

2. dem Grund hierfür,

3. dem Wunsch, den man an einen anderen hat, damit dieser Ärger wieder nachlässt.

Beispiel: „Ich bin sauer, weil du auf meinem Stuhl sitzt, und ich wünsche mir, dass du mich das nächste Mal um Erlaubnis bittest, wenn du dich setzen willst."

Das Gegenüber hört sich die Mitteilung an und beschreibt kurz das eigene Gefühl, das er danach empfindet.

Achtung!

Wichtig ist, dass die Schüler ihren Wunsch positiv formulieren, d.h., dass sie nicht nur sagen, was das Gegenüber nicht mehr tun soll. Vielmehr sollen sie einen Vorschlag machen, der dem anderen eine echte Handlungsalternative bietet.

Die Ärgerrunde kann im Alltag Anwendung finden, wenn entweder die Lehrkraft den Eindruck hat, dass eine solche angebracht ist, oder die Schüler sie selbst einfordern. Sie wird zu Beginn einer Stunde in den ersten fünf Minuten durchgeführt.

Die Beziehungskiste 26

Probleme verschriftlichen

Das Aufschreiben von Problemen führt zum einen zur Selbstklärung bei den Schülern. Zum anderen können von der Lehrkraft auf diese Weise unterschwellige Konflikte und unausgesprochene Schwierigkeiten aufgespürt und in einem weiteren Schritt möglicherweise thematisiert (Tipp 39) und behoben werden, sodass sie das Klassenklima bzw. den Unterrichtsablauf nicht mehr stören können.

› Tipp 39

Das abgebildete Formblatt kann den Schülern zur Verfügung gestellt werden. Es hilft ihnen, ihre Gedanken beim Aufschreiben zu strukturieren, die Probleme zu kategorisieren und damit ihre wesentlichen Aspekte zu erfassen.

Gleich mal ausprobieren

In eine verschlossene Schachtel mit Einwurfschlitz können Mitteilungen eingeworfen werden, wobei man als Schreiber durchaus auch anonym bleiben darf. In diesen Mitteilungen sollen Probleme, Wünsche, Anregungen und Sorgen zum Ausdruck gebracht werden. Sie bilden das reichhaltige Material für eine Klimadiskussion.
Folgendes Blatt hilft, wichtige Aspekte zu berücksichtigen.

Formblatt zu Schlüsselaspekten

Meine persönliche Botschaft

27

Offen über Wünsche reden

Der Psychologe Thomas Gordon wies schon in den 70er-Jahren darauf hin, dass Verständigung nur gelingen kann, wenn die Partner offen über ihre Wünsche und Vorstellungen sprechen. Ihm ging es um Konfliktlösungen, die mit dem alten Modell Schluss machen sollten, dass der eine triumphierend seinen Sieg feiert und der andere verärgert mit einer Niederlage fertigwerden muss. Schüler und Lehrer sind gemeinsam stärker und erreichen mehr, wenn sie sich gegenseitig ihre Eindrücke, Ideen und Wünsche mitteilen und ein Vorhaben beschließen, das die Handschrift beider Seiten trägt. Und als motivierender Nebeneffekt fühlen sich beide wohl, weil sie ohne beschämende Niederlage ans Ziel gekommen sind.

Gleich mal ausprobieren

Jeder erhält ein Blatt mit den unten genannten Fragen und kann wählen, an wen er seine Botschaft richten möchte (an Lehrer, Mitschüler, Eltern ...). Nach dem Ausfüllen kann jeder darüber bestimmen, ob die betreffende Botschaft ganz, teilweise oder gar nicht mitgeteilt werden soll.

Botschaft von ... an ...

1. Es ist für mich hilfreich, wenn du häufiger/überhaupt ...
2. Es ist für mich hilfreich, wenn du seltener/überhaupt ...
3. Ich werde ärgerlich, wenn du ...
4. Deshalb möchte ich ...
5. Was ich von meiner Seite aus dazu beitragen werde, dass es besser wird: ...

Um die Ecke gedacht

Man kann diese Fragen auch so verwenden, dass man sich in jemanden hineinversetzt und überlegt, was diese Person anderen oder einem bestimmten Menschen wohl mitteilen möchte. Dabei zeigt sich, wie viel Empathie man für den anderen entwickelt und wie sehr man spürt, worum es ihm geht.

Situationen entspannen

Das Formulieren der Botschaften und unter Umständen ihr Weiterleiten kann dazu beitragen, Situationen zu entspannen, zu klären sowie Konflikte zu bereinigen. Die Ergebnisse des Fragebogens können außerdem dazu führen, dass man sich über weitere Hilfen in einer konkreten Problemsituation Gedanken macht.

„Halt!“ sagen können

28

Im Umgang mit anderen Menschen – und somit auch in Klassengemeinschaften und Lehrer-Schüler-Beziehungen – ist es notwendig, Grenzen zu setzen, Nähe und Distanz zu erfahren und auf dieser Grundlage angemessene persönliche Beziehungen zu gestalten. Oft weiß man aber selbst nicht genau, welcher Abstand bzw. welche Nähe einem gut tun. Und auch wenn man das eigene Bedürfnis diesbezüglich kennt, es gegenüber anderen auch zu artikulieren, fällt vielen Menschen schwer: „Halt“ zu sagen, will also gelernt sein. Mit der folgenden Übung können Sie die Schüler im Bezug auf ihre Bedürfnisse sensibilisieren und ihre Selbstwahrnehmung fördern. Außerdem werden sie dazu angeregt, verschiedene Möglichkeiten auszuprobieren, wie man Grenzen aufzeigen und einfordern kann.

Selbstwahrnehmung fördern

Gleich mal ausprobieren

Man benötigt einen großen freien Raum bzw. ausreichend Platz draußen. Die Gruppe wird in Paare aufgeteilt, die sich in zwei Reihen möglichst weit voneinander entfernt aufstellen. Die Spieler auf der einen Seite (A) werden aufgefordert, auf ihren Partner (B) zuzugehen. Dieser ruft „Halt“, sobald der andere ihm zu nahe kommt. Spieler A muss sofort reagieren und stehenbleiben. Er kehrt dann wieder an seinen Ausgangspunkt zurück und geht noch einmal auf Spieler B zu. Dieser kann nun experimentieren: Welche Nähe, welche Distanz ist angenehm? Auf welche unterschiedlichen Weisen kann man „Halt“ sagen?

Folgende Fragen können nach Beendigung der Übung unter den Schülern einen Austausch über die gemachten Erfahrungen anstoßen:

Für Spieler der Gruppe A:

- Was macht mehr Freude: Das Laufen/Gehen oder das Anhalten?
- Waren die nonverbalen Zeichen, die Spieler B ausgesandt hat, eindeutig?

Für Spieler der Gruppe B:

- Fiel es dir leicht, „Halt" zu sagen oder es mit Gesten auszudrücken?
- Welche Möglichkeiten gab es, „Halt" zu sagen oder zu signalisieren?
- Hängt die Halt-Grenze von der Geschwindigkeit des Spielers A ab?

Für die gesamte Gruppe (wenn jeder einmal Spieler A und einmal Spieler B gewesen ist):

- War das „nur ein Spiel" oder gibt es einen Bezug zu unserem Alltag?
- Grenzen setzen im Alltag: Ist das einfacher oder schwieriger als in der Übung?
- Wie groß ist der persönliche Raum um einen Menschen herum, in den niemand ohne seine Erlaubnis eintreten darf?

Grenzen setzen im Alltag

Der Magic Circle

29

Aggressives Verhalten abbauen

Der Magic Circle wurde vor etlichen Jahren in den USA entwickelt. Den Lehrern sollte damit eine Möglichkeit an die Hand gegeben werden, die persönliche Entwicklung ihrer Schüler nach und nach zu stärken. Ein positives Miteinander sollte aufgebaut und schädigendes, aggressives Verhalten abgebaut werden.

Gleich mal ausprobieren

Die Schüler setzen sich für zehn bis fünfzehn Minuten in den Stuhlkreis und bearbeiten ein vorgegebenes Thema, das nicht mit schulischen Inhalten zusammenhängt.
Die Gruppengröße sollte bei maximal zwölf Schülern liegen, damit jeder zu Wort kommen kann (praktische Umsetzung: Eine Hälfte der Klasse nimmt am Magic Circle teil, die andere Hälfte macht Stillarbeit, danach wird gewechselt. Oder: pro Tag gibt es nur einen Durchgang, am folgenden Tag findet ein Rollentausch statt. Oder: Zwei Gruppen arbeiten parallel, die Leitung übernehmen Schüler, der Lehrer steht beratend zur Seite; die zweite Gruppe kann auch von einem Referendar bzw. einem Elternteil geleitet werden).

Ablauf:

1. Der Lehrer benennt das Thema und macht eventuell einführende Bemerkungen dazu.

2. Jeder Schüler, aber auch der Lehrer kann sich zum Thema äußern bzw. darüber etwas berichten.

3. Jeder Teilnehmer wiederholt, was er von den Äußerungen einer anderen Person behalten hat. Wertung, Richtigstellung oder Diskussion sind nicht erlaubt. Sollte der Beitrag einiger Schüler am Schluss nicht widergespiegelt worden sein, geschieht dies noch in der gesamten Gruppe.

4. Der Lehrer fasst die Sitzung zusammen und zieht eventuell ein Fazit zur Verdeutlichung des besprochenen Themas.

Regeln:

- Jeder kommt dran.
- Dem Sprechenden wird zugehört.
- Das, was jemand sagt, ist in Ordnung.
- Jede Äußerung bleibt unkommentiert.

Achtung!

Nachfragen, Infragestellen, Widerspruch, Kritik (Lob oder Tadel) haben im Magic Circle keine Berechtigung und müssen vom Leiter des Gesprächskreises konsequent unterbunden werden.

Das Klassentagebuch

30

Klassengemeinschaft stärken

Die Klassengemeinschaft wird gestärkt, wenn sich die Schüler als soziale Gruppe mit einer eigenen Geschichte wahrnehmen. Dies wird gefördert durch das Führen eines Klassentagebuches, was als wichtiges Ritual den Schulalltag prägen kann (Tipp 43). Die Grundidee besteht darin, jeden Schultag in einem eigens dafür vorgesehenen Buch zu dokumentieren. Zu festgelegten Zeiten wird aus dem Klassentagebuch vorgelesen – auf diese Weise erinnert sich die Klasse an die gemeinsam erlebte Zeit und wird auf Veränderungen aufmerksam: Entwicklungen werden sichtbar („Was uns damals noch schwerfiel, ist heute so einfach"), möglicherweise entstehen auch Anlässe zum kritischen Nachdenken („Damals haben wir uns so gut verstanden, warum ist das nicht mehr so? Und wie können wir daran etwas ändern?").

› Tipp 43

Entwicklungen sichtbar machen

Gleich mal ausprobieren

Es ist sinnvoll, eine besondere Zeit am Ende des Schultages festzulegen, die dem Eintrag ins Klassentagebuch vorbehalten ist. Gemeinsam wird überlegt, was der Lehrer (später dann ein Mitschüler) ins Klassentagebuch eintragen soll. Um die Zeit zu begrenzen, kann eine Verabredung getroffen werden: Es dürfen jeweils vier Schüler einen Punkt nennen – am nächsten Tag kommen andere dran. So lernen die Schüler auch, Wichtiges von weniger Wichtigem zu unterscheiden.
Ein Schüler darf nun das Klassentagebuch mit nach Hause nehmen und den Tageseintrag mit einer Illustration versehen oder ihn anderweitig gestalten.
Oder die Schüler nehmen das Tagebuch abwechselnd jeweils für eine Woche mit nach Hause und berichten darin über die Ereignisse in der Schule oder ihre privaten Erlebnisse. Am Freitag wird in der Klasse aus dem Tagebuch vorgelesen, der zeitliche Rahmen dafür ist vorgegeben (etwa eine Viertelstunde). Der Tagebuchschreiber entscheidet schließlich auf der Grundlage freiwilliger Meldungen, wer in der nächsten Woche das Tagebuch führen soll.

31 Meine Sicht – deine Sicht

Perspektivenwechsel

Oft wird über die mangelnde Selbstwahrnehmung von Kindern und Jugendlichen geklagt. Um Ihre Schüler in diesem Bereich zu stärken, können Sie sie anleiten, über sich selbst nachzudenken und im Perspektivenwechsel – quasi mit den Augen ihrer Mitmenschen – diese Sicht zu ergänzen oder zu korrigieren.

Gleich mal ausprobieren

Bereiten Sie Zettel vor, auf denen je eine der folgenden Fragen steht:
Was andere von mir denken: ...
Was ich selbst über mich denke: ...
Meine beste Freundin/mein bester Freund sieht mich so: ...
Meine Lehrer sehen mich so: ...
Meine Klasse sieht mich so: ...
Meine Eltern sehen mich so: ...
Meine Geschwister sehen mich so: ...
Was ich an mir gut finde: ...
Was ich an mir nicht mag: ...
Mädchen/Junge zu sein, ist gut, weil ...
Mädchen/Junge zu sein, ist blöd, weil ...

Die Schüler sollen die Zettel nun mit ihren Antworten auf die Fragen in freier Form beschriften.

32 Der unbekannte Freund

Sorgsamer Umgang

› Tipp 38

Die Schüler sollen sich gegenseitig besser kennenlernen. Dies ist eine wichtige Voraussetzung dafür, dass sie sorgsamer mit sich selbst und miteinander umgehen. Um dieses Ziel zu erreichen, können verschiedene Methoden angewendet werden (z. B. Tipp 38). Das folgende Experiment soll allen in der Klasse helfen, sich akzeptiert und geschätzt zu fühlen. Grundlage dieser Methode ist eine besondere Art des Wichtelns.

Gleich mal ausprobieren

Material: Zettel mit den Namen der Klassenmitglieder (pro Name ein Zettel)

Ablauf: Jeder zieht einen Zettel. In einem festgelegten Zeitraum (z.B. drei Wochen) ist er nun der „unsichtbare Freund" für denjenigen, dessen Name auf dem Zettel steht. In dieser Zeit soll er dem anderen mindestens dreimal eine Freude bereiten.

Dafür gelten bestimmte Regeln:

- Man darf sich nicht zu erkennen geben und auch keinem anderen sagen, wen man „gezogen" hat.
- Es ist der eigenen Fantasie überlassen, auf welche Weise man dem anderen eine Freude macht. (Ein gemeinsames Brainstorming im Vorfeld kann weiterhelfen und die Schüler auf Ideen bringen. Die Ergebnisse könnten festgehalten und in der Klasse ausgehängt werden.)
- Bedingung ist, dass nur wenig Geld ausgegeben wird (etwa 50 Cent oder 1 Euro).
- Im Verlauf des vorab bestimmten Zeitraums soll beobachtet werden, wie der Beschenkte reagiert.

Um die Ecke gedacht

Nach Ablauf der festgelegten Zeit soll ein Klassengespräch stattfinden, das die Schüler zur Reflexion über das eigene Verhalten und Empfinden anregt. Im Verlauf des Gesprächs dürfen jedoch keine Namen genannt werden. Folgende Fragen könnten thematisiert werden:

- Ist es mir leichtgefallen, dem anderen eine Freude zu machen?
- Konnte ich Reaktionen beim anderen beobachten? Wenn ja, welche?
- Spielte es eine Rolle, ob ich denjenigen schon vorher gut kannte?
- Habe ich die Aufmerksamkeiten meines „unbekannten Freundes" wahrgenommen?

In diesem Gespräch sollte auch diskutiert werden, ob das Experiment später wiederholt werden soll.

Entspannungsminuten

33

Spannung abbauen

› Tipp 25, 42

Verhaltensprobleme ergeben sich oft dann, wenn eine Atmosphäre der Gereiztheit besteht. Vieles kann leichter ertragen bzw. besser aufgefangen werden, wenn weniger Spannungen in der Luft liegen (Tipp 25, 42).
Die Entspannungsminuten können auf vielfache Art und Weise realisiert werden. Eine Möglichkeit besteht beispielsweise in der sogenannten progressiven Muskelentspannung, ein Verfahren, bei dem durch das willentliche Anspannen einzelner Muskelpartien, kurzes Halten und anschließendes Lösen der Muskelspannung eine wohltuende Entspannung des ganzen Körpers erreicht wird.

Progressive Muskelentspannung

Anhand dieser physischen Übung wird die Erfahrung der wohltuenden Entspannung dadurch vermittelt, dass nacheinander erlebt wird, wie zunächst angespannte Muskeln andere Energieströme blockieren und die Auflösung der Muskelanspannung dann die Bahn frei macht für weitergehende – denkerische – Aktivität.

Um die Ecke gedacht

Manchen Menschen fällt es leichter, sich mithilfe einer bestimmten Vorstellung zu entspannen, anstatt durch körperliches Training. Auch Fantasiereisen können deshalb vertiefte Entspannungs- und Ruheerlebnisse ermöglichen. Musik kann hierbei ein Hilfsmittel sein (Tipp 36).

› Tipp 36

Bewegungspausen einlegen

34

Wenn im Unterricht eine konzentrierte, sitzende Tätigkeit erforderlich ist, wird die psycho-physische Belastungsgrenze je nach Alter der Schüler bereits nach 15 bis 30 Minuten erreicht.
Es wird daher empfohlen, lange und bewegungsarme Unterrichtsphasen durch kurze Bewegungszeiten (etwa fünf

Minuten) zu unterbrechen. Sie erfrischen die Schüler, denn durch die Bewegung wird der Kreislauf angeregt und es gelangt wieder mehr Sauerstoff ins Gehirn. Bewegung kann infolgedessen den Hirnstamm aktivieren, zu erhöhter Wachheit führen und somit die Funktion der Gehirnzellen optimieren. Des Weiteren fördern Bewegungspausen die Lern- und Leistungsbereitschaft der Schüler, ihre Motivation nimmt zu.

Leistungsbereitschaft nimmt zu

Bewegungszeit ist keine verlorene Zeit für das kognitive Lernen, vielmehr können durch Bewegung zusätzliche Informationszugänge erschlossen und die Informationsverarbeitung kann optimiert werden.

Optimale Informationsverarbeitung

Achtung!

Die Art der Bewegungspause sollte sich am jeweiligen Bedarf orientieren: Nach einer langen Konzentrationsphase (z.B. Schulaufgabe) bietet sich eine bewegungsintensive Pause an, nach dem Sportunterricht oder auch vor Schulaufgaben sind eher Entspannungs- bzw. Stilleübungen (Tipp 33, 36) oder wahrnehmungsbezogene Übungen geeignet. Wichtig ist eine routinemäßige Umsetzung: Wenn die Schüler wissen, welchen Zweck die Bewegungspause hat und wie sie abläuft, reduzieren sich Zeitverluste bei der Umsetzung schnell.

› Tipp 33, 36

Stuhlgymnastik 35

Obgleich uns bewusst ist, dass Lernen eine inhärente physische Seite besitzt, werden das Bewegungsbedürfnis der Lernenden und seine Bedeutung für gelingende Konzentration noch zu häufig vernachlässigt. Erfolgreiches Lernen wird im Allgemeinen damit verknüpft, ruhig und still zu sein, angestrengt nachzudenken und alle gedanklichen Aktivitäten nach innen zu richten. Diese Spannung können Schüler für eine individuell unterschiedlich bemessene Zeit aufrechterhalten. Danach werden die physischen Forderungen nach Entspannung und Bewegung wirksam (Tipp 34). Um hier die Aktionsrichtungen zu steuern, bietet es sich zu Beginn oder am Ende einer Unterrichtsphase bzw. auch während einer längeren anstrengenden Arbeit an, eine kurze aktive Pause einzuflechten. Mithilfe der Stuhlgymnastik können ohne großen Organisationsaufwand motorische Unruhe abgebaut und Muskelspannungen gelockert werden. Die Übungen sind unkompliziert, können vielfältig variiert sowie durch Schülerideen bereichert werden und schulen gleichzeitig Körpergefühl und -beherrschung. Wenn dazu noch frische Luft durch die geöffneten Fenster hereinströmt und eine Musiksequenz eingespielt wird, steht einer aufmerksamen Weiterarbeit nichts mehr entgegen.

› Tipp 34
Motorische Unruhe abbauen

Gleich mal ausprobieren

So werden die Übungen durchgeführt:

Räkler:

- Arme und Beine einzeln weit ausstrecken und dann ausschütteln.
- Kräftig auf der Sitzfläche hin und her räkeln.
- Den Oberkörper in der Hüfte nach rechts und links wenden.

Satellitensucher:

- Kopf locker hin und her und im Kreis bewegen.
- Zur Unterstützung die Hände in den Nacken legen und mit ihnen den Kopf nach vorn und hinten, nach rechts und links führen.
- Dabei mit den Augen nach allen Seiten nach Satelliten Ausschau halten.

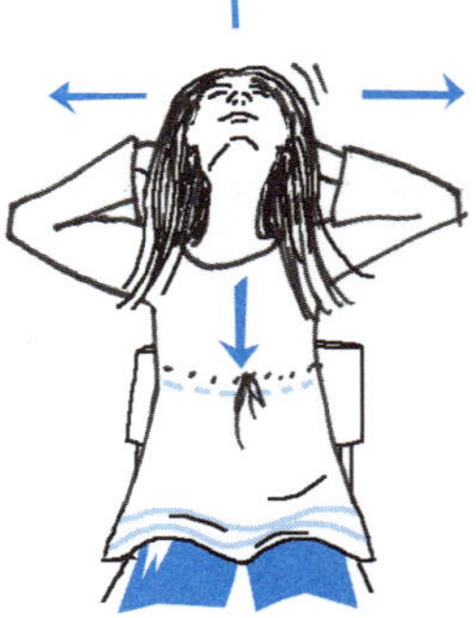

Entspannung vor der Klassenarbeit

36

Angst blockiert

„Angst macht dumm." Diese knappe Formel fand der Psychologe und Vorsitzende der „Aktion Humane Schule", Kurt Singer. Angst führt zu Störungen der Konzentration, zu Blockaden des Gedächtnisses und der Kombinationsfähigkeit, kurz, zur Beeinträchtigung des gesamten Denkvermögens. Sie bewirkt auch Störungen des Kreislaufsystems.

Musik zur Entspannung

Lehrer können aber eine Prüfungssituation so gestalten, dass sie weniger Angst macht. Vor einer Klassenarbeit kann eine kurze Entspannungsphase eingerichtet werden. Zum Kennenlernen des Verfahrens wird im „normalen" Unterricht zu Beginn einer Stillarbeitsphase ein etwa dreiminütiges Musikstück vorgespielt. Die Schüler können nun erproben, ob sie sich dadurch entspannen. Die organisatorische Durchführung „im Ernstfall" ist dann denkbar einfach: Wer mitmachen will, findet sich bereits in der Pause vor der schriftlichen Arbeit im Klassenraum ein. Die Tür wird von innen abgeschlossen, damit niemand aus anderen Klassen die Ruhephase stört. Ohne weitere Erläuterungen schaltet der Lehrer die ruhig fließende Musik ein. Drei oder vier Minuten später schließt er die Tür wieder auf. Wer nicht teilnehmen wollte, kommt jetzt hinzu – und mit dem Schulgong geht die gesamte Lerngruppe an die Erledigung der Aufgaben.

Gruppenentwicklung fördern

37

Prozess Gruppenentwicklung

Neu zusammengesetzte Gruppen durchlaufen verschiedene Phasen der Gruppenentwicklung. Geht dieser Prozess ideal vonstatten, lässt er sich in insgesamt fünf Stadien gliedern:

1. Orientierung
2. Einführung von Normen
3. Konfliktstadium
4. Produktivität
5. Auflösung

Entscheidend ist hierbei, dass das Durchlaufen der fünf Phasen keinem Automatismus folgt. Jede Phase muss von den Gruppenmitgliedern einzeln erarbeitet werden.

Zusammenwachsen optimal fördern

Damit Gruppenarbeit im Unterricht reibungslos verläuft, kann und sollte die Lehrkraft diesen Prozess des Zusammenwachsens durch verschiedene Übungen unterstützen und optimal fördern. Als Beispiel sei hier eine Übung angeführt, die die Schüler dazu veranlasst, sich spielerisch in ihre Mitschüler hineinzuversetzen und sie so besser kennenzulernen (weitere Übungen siehe Tipps 22, 23, 32, 38).

› Tipps 22, 23, 32, 38

Gleich mal ausprobieren

Die Schüler setzen sich in den Kreis. In der Mitte steht ein Topf mit Murmeln. Jeder bekommt eine Ja- und eine Nein-Karte, die jeweils unterschiedliche Farben haben. Die Lehrkraft hat Fragen vorbereitet, etwa: „Denkst du, dass Johanna Mitglied in einem Sportverein ist?“ Diese Frage wird nun Johanna gestellt und alle übrigen Schüler müssen entscheiden, ob Johanna sie mit Ja oder Nein beantworten wird. Nachdem Johanna die Frage still für sich beantwortet hat, zeigt jeder entweder seine Ja- oder Nein-Karte. Dann gibt die betreffende Schülerin die Antwort: Alle Schüler, deren Vermutung richtig war, dürfen sich eine Murmel aus dem Topf nehmen. Das Spiel wird reihum weitergeführt, sodass am Schluss jedem Schüler eine Frage gestellt wurde.

Immer neue Fragen können überlegt und auf die Klassensituation zugeschnitten werden.

38 Interaktionsspiele

Interaktionsspiele unterstützen die Gruppenentwicklung und beugen Unterrichtsstörungen vor. Die Schüler sollen dabei u. a.

- das eigene Selbst und das der anderen präziser erfassen,
- eine größere Offenheit für Gefühle und Gedanken anderer in ihrer Umgebung entwickeln,

- erkennen, dass es Wahlmöglichkeiten gibt und man seine Verhaltens-, Werte- und Gefühlsmuster ändern kann, wenn man das will,
- lernen, dass sie ihre Gefühle im Sprechen und Handeln ausdrücken können.

Durch Interaktionsspiele werden Lernsituationen geschaffen, die den wichtigsten Prinzipien für wirksames psychosoziales Lernen entsprechen:

Prinzipien für wirksames psychosoziales Lernen

1. Lernen findet statt, wenn Schüler sich emotional beteiligen, aktiv werden, sich mit anderen auseinandersetzen und sich bei gemeinsamen Aktivitäten engagieren (Tipp 11).
2. Es sollte ein anregendes Gruppenklima herrschen. Ein solches zeichnet sich aus durch Sicherheit und Offenheit. In diesem Rahmen kann sich Selbstvertrauen und Vertrauen zu anderen entwickeln.
3. Hier-und-jetzt-Erfahrungen sind für die Schüler unentbehrlich, um sich selbst kennenzulernen. Dazu gehört die offene Aussprache über Gefühle, Gedanken und Wahrnehmungen (Tipp 24, 25).
4. Jeder Schüler muss einen bescheidenen psychosozialen Bezugsrahmen entwickeln können. Dieser gestattet ihm dann, seine Lernerfahrungen aus der Gruppe auf das alltägliche Handeln zu übertragen.

› Tipp 11

› Tipp 24, 25

Übertrag der Lernerfahrungen auf den Alltag

Beispielhaft sei hier nun ein Interaktionsspiel beschrieben, das Sie in Ihrer Klasse ohne langwierige Vorbereitungen unmittelbar einsetzen können.

Gleich mal ausprobieren

Jeder Schüler sucht sich einen Partner. Die Paare gehen nun etwa zehn Minuten lang spazieren oder setzen sich zusammen. Währenddessen interviewen sich die Partner gegenseitig. Sie können einander beispielsweise nach ihrem Namen und Alter, nach Geschwistern, nach dem Wohnort, schulischen Werdegang, Geburtsort, Hobbys, Interessen, dem Lieblingsessen usw. fragen.

Anschließend kommen alle Paare wieder im Plenum zusammen und jeder Teilnehmer stellt der Gruppe seinen Partner anhand der Informationen vor, an die er sich erinnert. Man kann auch vereinbaren, dass mindestens vier Einzelheiten genannt werden müssen, die der Berichterstatter am interessantesten fand. Eine dieser Informationen soll jedoch erfunden sein und die ganze Gruppe rät nun, um welche es sich dabei dreht.

Achtung!

An das Interaktionsspiel sollte sich eine Auswertungsphase in Form eines Plenumsgesprächs oder von Partnergesprächen anschließen, damit die Schüler Gelegenheit haben, ihre Erfahrungen zu überdenken (individuelle Reflexion).

Die Schülersprechstunde

39

Gespräch unter vier Augen

Nicht alle Ursachen für Unterrichtsstörungen lassen sich durch die Stärkung zwischenmenschlicher Interaktion innerhalb der Klasse beheben. Häufig geht die Störung auch von einem einzelnen Schüler aus, der sich aufgrund seines möglicherweise problematischen sozialen Umfeldes oder anderer individueller Schwierigkeiten schlecht integrieren lässt. Solchen Schülern sollte man die Gelegenheit zu Vier-Augen-Gesprächen geben, in denen man intensiv auf sie eingehen kann. Der Schüler kann sich so in seiner persönlichen Entwicklung und Situation von einem vertrauten Erwachsenen, der ihm Zeit und Zuwendung schenkt, begleiten lassen. Gespräche, die sich sonst zwischen Tür und Angel abspielen, finden hier Raum. Mit viel Geduld kann dadurch auf eine Verhaltensänderung bei dem betreffenden Schüler hingewirkt werden, der sich schließlich besser in die Unterrichtsabläufe und auch in die Klassengemeinschaft integrieren lässt. Zum erfolgreichen Führen eines solchen Vier-Augen-Gesprächs gibt es zahlreiche unterschiedliche Methoden (Tipp 86, 87 und 88).

› Tipp 86, 87, 88

Gleich mal ausprobieren

Machen Sie Ihren Schülern zu Beginn des Schuljahres das Angebot einer Schülersprechstunde. Die Voranmeldung zu einzelnen Gesprächsterminen kann über den Klassenlehrer laufen oder persönlich vorgenommen werden.

SOS-Tipp

Grundsätzlich sollte die Anmeldung zur Schülersprechstunde freiwillig von den jeweiligen Schülern ausgehen. Verhält sich jedoch ein Mitglied der Klasse besonders auffällig, empfiehlt es sich, es nach dem Unterricht kurz anzusprechen und zu einem Gespräch zu bitten.

40 Durch „Anker" Halt geben

Kinder und Jugendliche brauchen Strukturen, an denen sie sich orientieren können. Sie finden sie

- in der Zeit und in wiederkehrenden Ritualen (Tipp 43),
- im Raum und seinen Funktionsbereichen (Tipp 41),
- in Personen und ihren Haltungen,
- im Unterricht und seinen verlässlichen Abläufen,
- in kalkulierbaren Interventionsstrategien (Tipp 5).

› Tipp 43
› Tipp 41
› Tipp 5

Achten Sie bei der Planung Ihres Unterrichts darauf, dass den Schülern solche „Anker" geboten werden. Indem Sie verlässliche Strukturen schaffen, beugen Sie Beziehungsstörungen und damit auch Störungen Ihres Unterrichts vor.

41 Rumsag

Diese Strategie sorgt für Transparenz hinsichtlich der im Unterrichtsverlauf wechselnden Situationen. Räumliche Positionen werden dabei mit inhaltlichen Aspekten besetzt. Durch das ritualisierte Vorgehen gelingt es den Schülern besser, sich auf zu erwartende Lernaktivitäten einzustellen und sich an Lehrerstandorten zu orientieren (Tipp 43). Die Lehrkraft kann sich verbal stark zurücknehmen.

› Tipp 43

Gleich mal ausprobieren

Material: farbiges Klebeband, ein Gymnastikreifen, eine Glocke, ein niedriges Podest, ein Stuhl oder Sessel.

Legen Sie im Klassenraum folgende Orientierungsmale fest:

Ruhe: In der Nähe der Tür kleben Sie eine Markierung auf den Boden. Wenn Sie dort mit verschränkten Armen stehen, bedeutet das, dass Sie Ruhe einfordern. Den Gymnastikreifen legen Sie an einem Fenster auf den Boden. Wenn Sie darin stehen, möchten Sie in Ruhe gelassen werden.

Unterricht: Kleben Sie vor der Mitte der Tafel eine Markierung auf den Boden. Wenn Sie dort stehen, vermitteln Sie Inhalte und Wissen.

Maßnahmen: Das Podest stellen Sie neben die Tafel. Von dort erheben Sie das Wort zu Maßregelungen, Appellen und Sanktionen.

Spiele: Stellen Sie sich neben das Regal mit Spielen, Büchern, Freiarbeits- und sonstige Arbeitsmaterialien. Von dort geben Sie das Arbeitsmaterial aus, treffen Spielvorbereitungen usw.

Arbeitsaufträge: Neben der Tafel – an der Wand dahinter hängen möglicherweise Plakate zur Abfolge der Unterrichtsschritte oder Arbeitsformen für die Stunde – kleben Sie eine Markierung auf den Boden. Von dort geben Sie Erläuterungen zu Arbeitsaufträgen.

Geschichten: Positionieren Sie das oben genannte Sitzmöbel an einer möglichst freien Stelle, sodass alle Sie sehen können; denn wenn Sie dort Platz nehmen, wissen die Schüler, dass Sie eine Geschichte vorlesen oder erzählen.

Sie können – wenn der Effekt wirksam bleibt – Orientierungshilfen entfernen oder auch weitere Raumpositionen besetzen bzw. oben genannte entsprechend Ihrer Bedürfnisse umwidmen.

Achtung!

Wie alle Rituale müssen die räumlich-inhaltlichen Verknüpfungen der RUMSAG-Methode trainiert werden:

- Gehen Sie bewusst und niemals zufällig an die spezifizierten Marken.
- Warten Sie etwa fünf Minuten mit verschränkten Armen, bevor Sie agieren.
- Seien Sie konsequent, an den Markierungen nur die damit verknüpften Aktivitäten umzusetzen.
- Die optischen Reize können mit einem akustischen Signal (Glocke) gut verstärkt werden.

RUMSAG-Positionen

42 Die Auszeitecke

Es gibt Schüler, die, wenn sie sich im Unterricht über etwas ärgern, ihren Unmut unmittelbar zum Ausdruck bringen und dabei ihre Gefühle oft nicht mehr im Griff haben. Für diese Situationen kann im Klassenzimmer ein räumlicher Orientierungspunkt festgelegt werden, wo die Schüler aus dem Affekt heraus wieder zur Ruhe kommen und ihre Emotionen „abkühlen" können.

Emotionen „abkühlen"

SOS-Tipp

Schicken Sie einen Schüler, der sich emotional gänzlich unbeherrscht verhält, in eine eigens dafür eingerichtete Ecke des Klassenzimmers, die sogenannte Auszeitecke (oder Rückzugsecke). Dort wird der Schüler in Ruhe gelassen und kann, ohne weiter unter Beobachtung zu stehen, allmählich seine Aggressionen abbauen. Sie können ihn auch dazu anhalten, seinen Ärger zur Spannungsabfuhr aufzuschreiben (eine Strukturierungshilfe dafür kann das Formblatt in Tipp 27 bieten), den Zettel zu zerknüllen und in den Papierkorb zu werfen.

› Tipp 27

43 Schulische Rituale praktizieren

Rituale geben Halt

Rituale geben uns Menschen Orientierung und psychischen Halt. Sie

- haben Signalwirkung (werden von allen Beteiligten verstanden),
- führen zur Entlastung (wenn sie einmal bekannt sind, müssen sie nicht mehr erklärt werden),
- schaffen Gefühle von Vertrauen, Zugehörigkeit und Wohlsein,
- sprechen gleichzeitig das Denken und das Fühlen an,
- fördern die Konzentration,
- geben Sicherheit.

Rituale können in verschiedene Gruppen eingeteilt werden:

- Rituale, die die Lebenszeit gliedern, etwa die mit allen Klassen gemeinsam gestaltete Schulweihnachtsfeier oder das Klassentagebuch (Tipp 30).
- Rituale, die die Arbeit strukturieren, etwa der Montag-Morgen-Kreis, bei dem die Planung der Woche besprochen wird.
- Rituale, die das Zusammenleben in der Schule gestalten helfen und dazu dienen, Konflikte zu lösen, etwa der Klassenrat (Tipp 77).

Gut erlebte Rituale als Phasen positiver Verstärkung und Ermutigung geben den Schülern im Alltag die notwendige Unterstützung im steten Umgang mit belastenden Erfahrungen, Misserfolgen und Enttäuschungen, die das Jugendalter prägen.

Kategorisierung von Ritualen

› Tipp 30

› Tipp 77

Achtung!

Rituale sind nicht einfach da, sie müssen eingeübt werden. Oft wachsen Kinder heutzutage auf, ohne in ihrem familiären Umfeld eine gute Ritualkultur zu erleben. Die Schüler müssen daher zunächst mit Ritualen vertraut gemacht werden. Dies kann beispielsweise geschehen, indem nicht sofort von den Schülern erwartet wird, dass sie selbst bestimmte Rituale festlegen, sondern indem sich zunächst einmal das Lehrerkollegium auf bestimmte Rituale einigt, die ihm wichtig sind. Diese Rituale sollen im Sinne eines Schulprogramms für möglichst alle Klassen gleichermaßen gelten. Nach einer verabredeten Zeit überlegt schließlich jede Klasse, ob sie die Rituale so beibehalten oder aber verändern bzw. ersetzen möchte.

Gleich mal ausprobieren

Folgende Einrichtungen ritualisieren den Schulalltag:

- Schwarzes Brett: Unter dem Motto „Schüler helfen Schülern" können hier Anfragen bzw. Angebote für verschiedenste Hilfsdienste ausgehängt werden (z.B. Nachhilfe, sportliche Fähigkeiten usw.).

- Sprüchebuch: In einem Buch werden witzige Sprüche/Anekdoten aus dem Unterricht festgehalten, die in regelmäßigen Abständen im Plenum vorgelesen werden können.
- Humorbox: Jeder Schüler darf diesen Sammelbehälter mit Witzen aller Art bestücken, die in der Klasse wöchentlich vorgelesen werden.
- „Heißer Stuhl“: Die Schüler sitzen im Kreis, einer von ihnen sitzt auf einem Stuhl in der Mitte. Nun sagen die Mitschüler reihum irgendetwas Nettes zu ihm: „Mir gefällt an dir ...“ (Tipp 65).

› Tipp 65

Das Spiel ohne Regeln

44

Klassenregeln helfen, den Schulalltag reibungslos zu gestalten, und sind für die Schüler gleichzeitig eine wichtige Orientierungshilfe im Umgang miteinander (Tipp 45). Verhaltensweisen können so gelenkt und Konflikte, die sich u. a. in Unterrichtsstörungen äußern, vermieden werden. Dies gilt sowohl für zwischenmenschliche Interaktionen als auch für solche, die den Lernprozess bzw. den Unterrichtsablauf betreffen.

› Tipp 45

Vorbereitung von Klassenregeln

Die folgende Übung dient der Vorbereitung von Klassenregeln. Die Schüler sollen auf diese Weise erkennen, dass Regeln für das gemeinsame Lernen und Arbeiten notwendig und ausgesprochen hilfreich sind.

Gleich mal ausprobieren

Material: 25 DIN-A4-Blätter, großer Schaumstoffwürfel, Süßigkeiten

Ablauf: Das Spielfeld wird aus den DIN-A4-Blättern gelegt, die in U-Form auf dem Boden angeordnet werden. Die Blätter sind durchnummeriert, auf dem letzten Blatt steht „Ziel“. Zwei der Blätter sind als „Ereignisfelder“ gekennzeichnet. Auf dem Ziel befindet sich eine Schüssel mit Mini-Schokoriegeln oder Ähnliches und auf den beiden Ereignisfeldern liegen kleine Süßigkeiten wie beispielsweise Gummibärchen.

Die Klasse wird in Gruppen mit maximal sechs Personen eingeteilt. Jede Gruppe bestimmt eine Person als „Spielfigur“. Die Startfelder der Gruppen werden ausgelost, sie können zwischen 1 und 16 liegen.
Als Anfangsregel (und einzige Vorgabe) wird der Klasse mitgeteilt: „Wer als Erster über oder auf ein Feld mit Süßigkeiten kommt, darf diese behalten und erfährt noch eine weitere Überraschung. Wer als Erster das Ziel erreicht, erhält die Schokoriegel.“
Die Überraschung besteht darin, dass die entsprechende „Spielfigur“ mit ihrer Gruppe eine Regel festlegen darf, die von nun an für das gesamte Spiel Gültigkeit hat. Vorgaben, welcher Art diese Regel sein muss, gibt es keine.
Die Gruppe mit der höchsten Startnummer darf anfangen, danach kommen jeweils diejenigen mit der nächst kleineren Startnummer dran.

Achtung!

Wichtig ist, dass die Lehrkraft sich aus dem Spielablauf heraushält und nicht eingreift – es sei denn, die Schüler werden handgreiflich.

Auswertung der Übung

An diese Übung sollte sich eine ausführliche Auswertung anschließen. Dabei geht es zum einen um die emotionale Befindlichkeit der Schüler und zum anderen um die Prozesse und Ergebnisse innerhalb des Spielablaufs. Die Überlegungen der Schüler zu folgenden Fragen können darüber Aufschluss geben:

- Hat das Spiel Spaß gemacht?
- Wenn ja, warum bzw. was hat Spaß gemacht?
- Wenn nein, warum nicht bzw. was hat letztlich den Spaß verhindert?
- Welche Bedingungen müssten erfüllt sein, damit möglichst alle Schüler bei einem erneuten Durchlauf Spaß haben können?
- Wie sind die Entscheidungen für den Spielverlauf zustande gekommen?

- Sind alle Gruppenmitglieder in die Entscheidungen miteinbezogen worden?
- Gab es Mehrheitsentscheidungen oder einen Bestimmer/Macher?
- Wie hoch war die Zufriedenheit innerhalb der verschiedenen Gruppen?
- Waren die Regeln, die aufgestellt wurden, gerecht?
- Wer war an der Aufstellung der Regeln beteiligt? Wie sollte die Entscheidungsfindung aussehen, wenn alle zufrieden sein sollen?
- Wie müssen gerechte Regeln aussehen?

Regeln sind für das Zusammenleben in einer Gruppe unverzichtbar

Ziel der Auswertung sollte die Erkenntnis sein, dass für ein zufriedenes Zusammenleben in einer größeren Gruppe sinnvolle Regeln unverzichtbar sind, dass es aber andererseits auch unerlässlich ist, alle bei der Aufstellung der Regeln einzubeziehen und für alle faire Beteiligungsmöglichkeiten zu gewährleisten.

Klassenregeln aufstellen

45

Eine unverzichtbare Voraussetzung für sozial verträgliches Handeln der Schüler innerhalb der Klasse ist die Definition der Regeln, an die sich alle halten müssen. Dieser Rahmen sollte allerdings nicht von der Lehrkraft quasi von oben verordnet werden, sondern vielmehr von der Klasse gemeinsam erarbeitet und auf der Basis eines breiten Konsens' verabschiedet werden. Die Erarbeitung der Regeln kann von der Lehrkraft mit folgender Frage eröffnet werden: „Wie sollten wir uns verhalten, damit sich alle wohlfühlen und gut lernen können?"

Formulierung der Regeln

Folgende Grundsätze müssen bei der Aufstellung der Regeln beachtet werden:

- Sie sollten kurz gehalten sein.
- Sie sollten verständlich formuliert sein.
- Sie sollten positiv formuliert sein (nicht als Verbot, sondern als Gebot (Tipp 6)).

› Tipp 6

- Es sollten nicht zu viele Regeln aufgestellt werden, damit man sie alle im Blick behalten kann.
- Die Regeln sollten für den Einzelnen verbindlich formuliert sein (z. B. nicht: „Wir wollen das Eigentum anderer nicht beschädigen“, sondern: „Ich achte auf das Eigentum anderer“).

Bereiche, für die Regeln aufgestellt werden können, sind beispielsweise der Umgang miteinander, das Arbeiten in Gruppen, der Unterrichtsablauf, das Verhalten in den Pausen usw.

Achtung!

Zur Einführung der Regeln gehört auch die gründliche Auseinandersetzung mit möglichen Sanktionen als Konsequenzen, falls die vereinbarten Regeln überschritten werden (Tipp 50, 59). Gerade in Bezug auf die Orientierung an Regeln und den Umgang mit Konsequenzen bringen zu viele Schüler kaum oder gar keine Erfahrungen von zu Hause mit. Im Rahmen der gemeinsamen Einführung eines Regelwerkes ist es wichtig, darauf zu achten, dass die Sanktionen vor allem als Wiedergutmachung genutzt werden (Tipp 58).

› Tipp 50, 59

› Tipp 58

Evaluation

Es empfiehlt sich, nach einem Monat eine einfache Form der Evaluation zum Thema „Klassenregeln“ durchzuführen. Erörtern Sie mit den Schülern im Rahmen eines Unterrichtsgesprächs folgende Fragen:

- Welche Regeln sind am häufigsten übertreten worden?
- Warum ist das so?
- Welche Konsequenzen müssen daraus gezogen werden?

Hierbei wird den Schülern bewusst gemacht, dass guter Wille und Absprachen allein nicht reichen, dass sie sich auch mit ihrer eigenen Unzulänglichkeit und der anderer auseinandersetzen und lernen müssen, mit Enttäuschungen umzugehen.

Die „heimlichen“ Regeln

46

Bei dieser Übung sollen sich die Schüler Gedanken über die Regeln machen, die in ihrer Klasse unterschwellig gelten, obwohl sie nie direkt ausgesprochen wurden.

Gleich mal ausprobieren

Folgende Situation kann den Schülern als Einstieg in die Übung aufgezeigt werden:
„Stell dir vor, jemand kommt neu in eure Klasse. Du magst diese Person gern und möchtest ihr alle wichtigen Informationen zukommen lassen, die man braucht, um in eurer Klasse kein Außenseiter zu werden. Es geht hier nicht um die offizielle Schulordnung oder das, was die Lehrer verlangen, sondern um ‚heimliche‘ Regeln.“

Erster Durchgang

Schreibe deine Meinung zu den folgenden Punkten auf:

- Bei den meisten in der Klasse kommt es gut an, wenn ...
- Gerade noch akzeptiert wird, wenn ...
- Die meisten würden es gar nicht gut finden, wenn ...

Zweiter Durchgang

Setzt euch in kleinen Gruppen zusammen und tauscht eure Ergebnisse aus. Findet gemeinsame Punkte, die möglichst von allen so eingeschätzt werden.

Dritter Durchgang

Tragt eure Gruppenergebnisse in der Klasse zusammen. Stellt dann gemeinsam eine Liste auf, die ihr einem neuen Schüler als „Empfehlung“ in die Hand drücken könntet.

Die Regel der Woche

47

Beim Einüben der Klassenregeln muss meist automatisiertes Verhalten abgelegt werden, was besonders schwierig ist. Es hat sich daher bewährt, anfangs für einen bestimmten Zeitraum (z. B. eine Woche) das Augenmerk nur jeweils auf eine einzige Regel zu richten. Das heißt natürlich nicht, dass die anderen Regeln während dieser Zeit ungültig sind, vielmehr will sich die Klasse so lange ganz verstärkt um die Einhaltung dieser einen Regel bemühen.

Gleich mal ausprobieren

Zu Beginn muss in der Klasse festgelegt werden, welche Regel die Regel der Woche sein soll.
Danach wird überlegt, womit die Schüler sich belohnen wollen, wenn es am Ende der Woche 75 bis 80 Prozent der Schüler gelungen ist, diese Regel einzuhalten (Tipp 58).
Wurde die Regel der Woche nicht eingehalten (abgefragt werden kann dies z. B. mit den Methoden „Ampel“, Tipp 48, und „Regelrennen“, Tipp 53), kann es notwendig sein, den Fokus darauf über längere Zeit aufrechtzuerhalten.
Schließlich bekommt jeder Schüler vier Zettel, die mit je einer der folgenden Fragen beschriftet sind:

1. Was kann ich zur Einhaltung der Regel beitragen?
2. Was (ganz konkret) muss ich unterlassen?
3. Was sollen die anderen tun?
4. Was sollen die Lehrkräfte tun?

Auf jedem Zettel machen die Schüler nun mindestens eine Angabe.
Die Antworten zu den Fragen 1. und 2. werden nacheinander vorgetragen. Jeder Schüler behält den eigenen Zettel als Erinnerungshilfe mit dem Ziel, das Bewusstsein für die Eigenverantwortung zu fördern. Die Zettel zu den Fragen 3. und 4. werden auf Plakate geklebt und gemeinsam ausgewertet.

› Tipp 58
› Tipp 48
› Tipp 53

Achtung!

Bei der Auswertung der Schülerantworten zu den Fragen 3. und 4. im Klassenplenum muss auf deren genaue Formulierung geachtet werden. Sind die Vorschläge auch wirklich umsetzbar? Wichtig ist, dass konkrete Handlungen beschrieben werden. Es macht keinen Sinn zu sagen: „Die anderen sollen nett zu mir sein.“ Besser ist: „Die anderen sollen nicht immer meine Sachen verstecken.“

Damit die Antworten nicht in Vergessenheit geraten, sondern alle Schüler sie stets vor Augen haben und daran auch ihr jeweiliges Verhalten messen können, bleiben die Plakate mit den Zetteln im Klassenraum aufgehängt.

Schülerbefragungsampel

48

› Tipp 47

Wenn sich die Klasse für einen gewissen Zeitraum auf die Einhaltung einer bestimmten Klassenregel konzentrieren möchte (Tipp 47), kann die Visualisierung helfen, diese Regel – unter Umständen als Tagesmotto – fest im Blick zu behalten. Am Ende des Tages wird abgefragt, ob die Regel nach Ansicht der einzelnen Schüler eingehalten wurde oder nicht. Dazu dient eine Meinungsampel, die – aus bunter Pappe hergestellt – im Klassenzimmer aushängt.

Gleich mal ausprobieren

Zunächst muss für den Tag ein Beobachtungsaspekt festgelegt werden, der an der Tafel oder auf einem Plakat an einer Klassenzimmerwand für alle einsehbar festgehalten wird. Beobachtungsaspekte können z. B. sein:

- War ich heute aufmerksam?
- Hatten wir heute die nötige Arbeitsruhe?
- War der Lehrer heute freundlich zu mir/zur Klasse? ...

Das Abfrage-Instrument ist eine Ampel, die Schüler votieren mit Wäscheklammern. Die Klammern können mit Namen versehen werden.
Die geringe Zeitdauer der Aktion ermöglicht auch einmal eine Kurzabfrage zwischendurch, deren Ergebnis für den weiteren Verlauf des Tages hilfreich sein könnte.

49

Das TeamPinBoard wurde entwickelt, um Regeln, die eine Klasse für ihr Miteinander beschlossen hat, gezielt zu visualisieren. Durch einen positiven Zugang zu den Sozialfertigkeiten, der einerseits nicht durch negative Sanktionen geprägt ist, andererseits hilfreiche konkrete Handlungs- und Sprachmuster (Indikatoren) vorgibt, wird das Klima in der Klasse besser (Tipp 16) und die Schüler erwerben dadurch eine höhere Sozialkompetenz.

› Tipp 16

Vorteile

Die Vorteile des TeamPinBoards sind:

- Überschaubarkeit
  Sozialfertigkeiten werden durch die Gliederung der Ziele in überschaubare Abschnitte lernbar. Es steht immer nur ein Ziel im Vordergrund, auf das sich die Schüler demnach besonders konzentrieren können.
- Visualisierung
  Die Ziele werden optisch ansprechend präsentiert. So werden mehrere Sinne angesprochen.
- Ermutigung
  Defizite im Sozialverhalten können nun gezielt durch positive Hinweise aufgearbeitet werden. Negative Sanktionen sind nicht mehr so häufig nötig.
- Permanente Verfügbarkeit
  Die Lehrkraft kann während des Unterrichts – wenn beispielsweise die Überschreitung einer Regel droht – jederzeit auf das TeamPinBoard verweisen und Tipps zur besseren Einhaltung des Sozialzieles geben.
- Flexibler Einsatz
  Ziele können jederzeit ausgetauscht und erweitert werden (pro Stunde, pro Tag, pro Woche ...).
- Individuelle Erziehungsplanung
  Nach einer Phase, in der klassenweit die gleichen Sozialziele erarbeitet werden, ist es möglich, mit einzelnen Schülern individuelle Erziehungsziele zu finden und zu erarbeiten.

TeamPinBoard

(Quelle: http://www.teampinboard.de/)

50 Klassenregeln und Konsequenzen

Konsequenzen klar festlegen

Zu Regeln – und insbesondere zu Klassenregeln – gehören immer auch Konsequenzen, für den Fall, dass die Regeln übertreten werden. Sind sich die Schüler über die Konsequenzen bei Regelüberschreitungen nicht im Klaren, entsteht zum einen Unsicherheit und zum anderen werden sie die Regeln auch weniger ernst nehmen. Wenn solche Konsequenzen aber klar und eindeutig festgelegt werden, erübrigt es sich auch, schlimme Folgen anzudrohen (die dann häufig noch nicht einmal eintreten).

SOS-Tipp

- Bei Regelüberschreitungen wie beispielsweise unaufgefordertem Reden im Unterricht können Sie folgende Konsequenz in Aussicht stellen:
  Bei einem Verstoß bekommst du einen Strich. Bei drei Strichen musst du zum Nachsitzen kommen. Die Striche erlöschen am Tagesende.
- Im Falle unvollständiger Schulsachen können Sie beispielsweise folgende Konsequenz ankündigen:
  Wenn etwas fehlt, bekommst du einen Strich. Wenn du es am nächsten Tag unaufgefordert vorzeigst, wird er wieder getilgt. Bei drei Strichen kommst du zum Nachsitzen.

Regeln durchsetzen

51

Zur erfolgreichen Durchsetzung bestimmter Regeln im Unterricht gibt es die im Folgenden aufgeführten zentralen Strategien:

Achtung!

Wer Regeln mit schnellstmöglichem Erfolg durchsetzen möchte,

- formuliert sie eindeutig und überprüfbar,
- reagiert sofort bei jeder Regelverletzung,
- bleibt standhaft, d.h. rückt von der Regel nicht ab,
- sorgt dafür, dass jede Regelverletzung Konsequenzen hat (Tipp 50),
- verlangt keine Einsicht,
- arbeitet im Team,
- trennt zwischen Person und Verhalten,
- macht Versöhnungsangebote (Tipp 78),
- reagiert auf positive Veränderungen (Tipp 56),
- würdigt prosoziales Verhalten (Tipp 57).

› Tipp 50
› Tipp 78
› Tipp 56
› Tipp 57

Regelwächter einsetzen

52

› Tipp 45

In Klassen, die sich auf bestimmte Klassenregeln verständigt haben (Tipp 45), hat es sich bewährt, sogenannte Regelwächter einzusetzen, also Schüler, die für eine begrenzte Zeit ausgewählt werden, um die Einhaltung der Regeln zu kontrollieren, Regelverstöße festzuhalten und zur Sprache zu bringen. Neben dem Nutzen für die Gemeinschaft werden die Einzelnen durch dieses Amt in ihrer Sozialkompetenz gestärkt.

Achtung!

Das Amt des Regelwächters muss mit den Schülern intensiv thematisiert werden. Es muss ihnen klar sein, dass der Betreffende seine Mitschüler nicht anschwärzen soll. Vielmehr geht es darum, die Wahrnehmung für unangemessenes Verhalten zu schärfen und den Einzelnen in die Verantwortung für das Gelingen des Unterrichts miteinzubeziehen.
Nach dem für die Maßnahme festgelegten Zeitraum sollte im Klassenplenum ein Auswertungsgespräch erfolgen, bei dem sowohl die Regelwächter als auch die übrigen Schüler ihre Einschätzung vorbringen können.

Das Regelrennen

53

Wenn man in seiner Klasse bestimmte Verhaltensregeln eingeführt hat, sollte man mit den Schülern regelmäßig deren Einhaltung reflektieren. Wichtig ist auch hier die Visualisierung, sodass nicht nur über Eindrücke, sondern auch über Fakten gesprochen werden kann.

Visualisierung der Fortschritte

Die im Folgenden beschriebene Methode ermöglicht es den Schülern, sich bildlich zu vergegenwärtigen, welche Fortschritte sie im Einhalten der festgelegten Klassenregeln machen.

Gleich mal ausprobieren

Material: Klebestreifen, Start- und Zielschilder, Kopiervorlagen mit Schuhformen

Ablauf: An einer Wand werden mit Klebestreifen Rennbahnen befestigt – und zwar so viele, wie es aktuelle Klassenregeln gibt. Außerdem werden eine Start- und eine Ziellinie kenntlich gemacht.
Die Nummern (oder Farben) der Klassenregeln werden dann je auf einen Schuh (Kopiervorlage) geschrieben und bei „Start" auf die Rennbahn geheftet.
Nun kann die Lehrkraft nach dem Ablauf zuvor festgelegter Zeitabschnitte mit der Klasse bestimmen, ob in der Einhaltung einer Klassenregel Fortschritte gemacht wurden oder nicht. Wenn für alle Fortschritte spürbar sind, kann der entsprechende Schuh ein Stück in Richtung Ziel vorrücken.
Hat ein Schuh die Ziellinie erreicht, sollte er dort haften bleiben, damit er gegebenenfalls zur Startlinie zurückkehren kann, sobald die Klassenregel nicht mehr eingehalten wird.
Erreicht eine Regel die Ziellinie, können damit kleine Belohnungen für die Klasse verbunden sein.

Regeln trainieren I

54

Wie gut oder verbesserungswürdig Klassenregeln in einer Klasse eingehalten werden, kann auf unterschiedliche Weise visualisiert werden. Bildliche Darstellungen sind in diesem Zusammenhang eine hilfreiche Diskussionsgrundlage (Tipp 53). Um die folgende Methode anwenden zu können, sollten mit den Schülern zuvor Klassenregeln erarbeitet worden sein (Tipp 45).

› Tipp 53
› Tipp 45

Gleich mal ausprobieren

Material: ein großes Blatt Papier, Stift oder Kreppband, Klassenregeln auf Karteikarten

Ablauf: Auf ein großes Blatt Papier werden folgendermaßen drei Bereiche aufgezeichnet:

Champions League	Spielfeld	Trainingslager

Auf diese Bereiche werden nun die Klassenregeln, die einzeln auf Karten stehen, verteilt:

- Im Spielfeld befinden sich die Regeln, die aktuell sind und auch immer mal wieder eingefordert werden müssen.
- Ins Trainingslager kommen Regeln, an deren Einhaltung verstärkt gearbeitet werden muss. (Die Missachtung der Regel kann beispielsweise von einem eigens eingesetzten Regelwächter festgestellt werden (Tipp 52).)
- In die Champions League steigen die Klassenregeln auf, die richtig gut von der Klasse eingehalten werden, aber künftig eben auch nicht in Vergessenheit geraten sollten.

› Tipp 52

Welche Klassenregel in welchem Feld positioniert wird, sollte nach Möglichkeit mit den Schülern gemeinsam in regelmäßigen Abständen abgestimmt werden. Es kann aber auch aus aktuellem Anlass erforderlich sein, dass eine Regel von der Lehrkraft in ein anderes Feld gesetzt wird. Darauf zu achten, dass die Regeln im Spielfeld bleiben, liegt somit in der Verantwortung der Schüler.
Ein besonderer Ansporn, Regeln gut einzuhalten, könnte eine kleine Belohnung oder Anerkennung sein, z. B. wenn eine Klassenregel vom Trainingslager ins Spielfeld zurückkehren darf oder wenn eine Regel in die Champions League aufsteigt.

Um die Ecke gedacht

Zusätzlich kann im Spielfeld mit gelben und roten Karten gearbeitet werden. Wenn eine Klassenregel eine rote Karte bekommt, muss sie ins Trainingslager. Eine gelbe Karte bedeutet, dass diese Regel angemahnt ist. Die einmalige Mahnung erlischt nach einem zuvor festgelegten Zeitraum, eine zweite Mahnung führt die Regel aber wieder zurück ins Trainingslager.

55

Mit der folgenden Übung kann die Einhaltung von Klassenregeln über einen längeren Zeitraum hin trainiert werden.

Gleich mal ausprobieren

Jeder Schüler beginnt den Tag mit einem Smiley. Es liegt an ihm, ob er ihn am Ende des Tages noch hat oder nicht. Einem Schüler, der sich unangemessen verhält, wird von der Lehrkraft, die den Vorfall beobachtet hat bzw. der andere davon berichtet haben, unter Benennung der konkreten Regelübertretung mitgeteilt, dass er seinen Smiley verloren hat. Auch der Klassenlehrer wird darüber informiert. Die Smileys werden durch den Klassenlehrer in der letzten oder am nächsten Tag in der ersten Stunde für jeden Schüler in die Klassenliste eingetragen.

Wer nach vier Wochen 15 Smileys gesammelt hat, kann an einer „Belohnungsstunde" teilnehmen, z.B. Spiele in der Turnhalle, Besuch bei der Polizei/der Feuerwehr, Film anschauen, Vorlesen usw. Die Belohnungsstunden sind jahrgangsgemischt. Schüler, die nicht so viele Smileys behalten haben, werden in Gruppen von drei bis fünf Schülern zusammengefasst. Mit ihnen wird überlegt, was sie machen können, damit auch sie nächstes Mal die Belohnung erhalten.

Achtung!

Wichtig sind bei der Methode folgende Aspekte:

- Es wird grundsätzlich nicht diskutiert, was der Regelverletzung vorausgegangen ist (wer angefangen hat, wer wen provoziert hat usw.) oder ob ein anderer Schüler das Gleiche vorgestern ungestraft tun durfte. Es wird lediglich geklärt, gegen welche Regel verstoßen wurde, und dann die Konsequenz des Smiley-Verlustes für diesen Tag benannt.
- Die Schüler werden nicht bestraft, sondern bekommen eine Beratung und damit konkrete Hilfe und wichtige Unterstützung.

Begrenzen und bekräftigen

56

Konsequentes Lehrerverhalten

„Nich jeschimpft is jenuch jeloobt", so lautet eine Berliner Redensart, die als Motto für das im Folgenden geschilderte Programm gelten könnte. Es stellt eine Möglichkeit dar, unerwünschtes Schülerverhalten im Klassenzimmer zu vermindern und erwünschtes Schülerverhalten zu fördern. Sein Kern besteht in sehr konsequentem Lehrerverhalten – was keineswegs gleichbedeutend ist mit Drohen und Strafen; vielmehr kommt es auf unbeirrbares Verhalten an, das von den Schülern akzeptiert werden kann. Bei dem Verfahren handelt es sich um eine Form der Verhaltensmodifikation. Jedes unerwünschte Verhalten wird sofort blockiert, kann sich also nicht verfestigen, das erwünschte Verhalten dagegen wird aufgebaut und bekräftigt. Der Prozess wird durch Einsicht gefördert und durch Gewohnheit gefestigt.

Unerwünschtes Verhalten sofort blockieren, erwünschtes Verhalten bekräftigen

Das Programm umfasst folgende Grundsätze:

- Freundlicher Ton
  Die Lerngruppe bzw. der einzelne Schüler soll bestimmt, aber freundlich angesprochen werden. Das macht es den Betroffenen leichter, die Äußerungen des Lehrers anzunehmen.
- Anordnungen als Bitten formulieren
  Wählt der Lehrer für Anordnungen die sprachliche Form der Bitte, so zeigt er den Schülern, dass er sie akzeptiert, auch wenn er momentan eine Verhaltensänderung herbeiführen will.
- Möglichst frühes Eingreifen
  Auf unerwünschte Verhaltensweisen soll unmittelbar dann reagiert werden, wenn sie aufgetreten sind. Dem Schüler wird es somit leichter gemacht, sein Verhalten zu beenden, und der Lehrer kann noch freundlich, ohne mühsam unterdrückten Ärger reagieren.
- Definierte Toleranzgrenzen
  Zwischen Lehrer und Schülern soll eindeutig geklärt sein, welche Verhaltensweisen zugelassen und welche nicht erlaubt sind. Eine zu hohe Toleranzgrenze, aber auch überempfindliche gereizte Reaktionen vonseiten

der Lehrkraft führen bei den Schülern zu Verhaltensunsicherheiten.

- Konsequentes Eingreifen
  Sobald die definierte Toleranzgrenze überschritten ist, greift der Lehrer ohne Ausnahme ein.
- Auf alle Schüler achten
  Der Lehrer darf sich nicht damit begnügen, dass der Großteil der Schüler seiner Aufforderung nachkommt. Er muss die Klasse vielmehr genau beobachten und Schüler, die seine Bitte ignorieren, gesondert ansprechen.
- Den erwünschten Zustand bekräftigen
  Sind alle Schüler der jeweiligen Bitte gefolgt, so darf der Lehrer nicht einfach mit dem Unterricht fortfahren, sondern muss bestätigen, dass der erwünschte Zustand erreicht ist. Das kann durch Gestik, Mimik oder eine anerkennende Bemerkung und deren Tonfall geschehen. Ist den Schülern die Verhaltensänderungen schwergefallen, so kann der Lehrer sich für das Eintreten des erwünschten Zustandes ausdrücklich bedanken.

Um die Ecke gedacht

Scheuen Sie sich nicht, nach den oben genannten Grundsätzen vorzugehen, auch wenn dafür anfangs viel Unterrichtszeit geopfert werden muss. Das konsequente Verhalten des Lehrers lässt die Regelverstöße der Schüler bald zurückgehen, sodass er immer seltener eingreifen muss. Auf mittlere Sicht führt dies zu effektiverem Unterricht.

Smiley-Sticker

57

Positives Verhalten fördern

Wie bereits im vorangegangenen Tipp geschildert, ist es ungemein wichtig, erwünschtes Schülerverhalten als Lehrkraft unmittelbar zu bekräftigen, indem es audrücklich bestätigt wird. Positive Verhaltensweisen können bei Schülern auch durch die folgende Methode gefördert werden:

Gleich mal ausprobieren

Wenn ein Lehrer bei einem Schüler besonders positives Verhalten beobachtet, bekommt dieser einen Smiley-Sticker angeheftet. Jeder Lehrer, der einen Schüler mit Smiley sieht, ist wiederum aufgefordert, sich von ihm (möglichst vor einer Gruppe) berichten zu lassen, wofür er diesen bekommen hat. Am Ende des Tages werden die Sticker wieder abgegeben und für die betreffenden Schüler wird je ein Smiley in das Elternmitteilungsheft eingetragen.

Achtung!

In der Regel sollten maximal zwei bis drei Smileys pro Klasse und Tag vergeben werden.

SOS-Tipp

Es hat sich als hilfreich erwiesen, für jede Altersstufe Beispiele aufzulisten, die als besonderes soziales und damit positives Verhalten gelten, z. B.:

- jemandem in einer schwierigen Lage helfen,
- in einer Gefahrensituation Hilfe holen,
- Streit schlichten bzw. verhindern, dass ein Streit eskaliert,
- etwas für die Gemeinschaft tun (z. B. unaufgefordert besondere Materialien in den Unterricht mitbringen, gemeinsame Freizeitbeschäftigungen für die Klasse organisieren usw.).

Dadurch werden die Lehrkräfte aufmerksamer gegenüber solchen Verhaltensweisen und es gibt im Kollegium einen Rahmen bzw. Konsens für die Vergabe der Smileys.

Der Gedanke, welcher der Smiley-Vergabe zugrunde liegt, ist, dass Verhalten, das öffentlich Aufmerksamkeit erhält, verstärkt wird. Würde es dagegen ignoriert, würde dem Schüler indirekt vermittelt, dass dieses Verhalten in der Schule keine Bedeutung hat. Da bei der Smiley-Methode über das positive Verhalten im Laufe des Tages mehrfach

berichtet wird, lernen zudem andere Schüler beispielhaft, was diesbezüglich wünschenswert ist, ohne es durch Ausprobieren selbst herausfinden zu müssen.
Die Methode wird der Erkenntnis gerecht, dass Lob, um ein gutes Selbstwertgefühl zu vermitteln, an spezifische Leistungen und die Beherrschung neuer Fertigkeiten gekoppelt sein muss. Demzufolge kann sozial und emotional schwachen Schülern auch einmal für grundsätzlich zu erwartendes „normales" Verhalten, das für sie aber eine neue Fertigkeit darstellt, ein Smiley vergeben werden.

Auf Regelverstöße reagieren I

58

Strafe muss sein – aber besser ist es, wenn es auf dem Weg zu sozial verträglichem Handeln positive Erlebnisse gibt, und die erhält man über Belohnungen und Verstärker.

Achtung!

Bestrafung betont ein falsches Verhalten und stellt es immer wieder in den Mittelpunkt. Hierdurch erhalten sowohl das Fehlverhalten als auch der Missetäter zu viel Aufmerksamkeit und es wächst die Gefahr, dass dieses Verhalten zu einem verselbstständigten Bestandteil des Verhaltensrepertoires wird.
Lob und Belohnung dagegen betonen, was schon erreicht wurde, und sind eine unverzichtbare Motivation für weiteres Lernen (Tipp 57).

› Tipp 57

Gleich mal ausprobieren

Jeder schreibt für sich Verstärker auf, die ihm in der Gruppe Spaß machen würden (z. B. gemeinsames Frühstück in einer Unterrichtsstunde, ein hausaufgabenfreier Tag, im Sportunterricht Spiele bestimmen dürfen usw.).
Paarweise tauschen sich die Schüler dann über ihre Verstärker aus und erstellen daraus eine Hitliste.

Je zwei Paare vergleichen jetzt ihre Verstärkerliste miteinander und fertigen eine Gruppenliste an, auf der mit Strichen deutlich gemacht wird, wie viele Personen eine Aktion gut finden.
Abschließend werden die Gruppenlisten im Plenum vorgestellt und fließen schließlich in eine Hitliste der Klasse ein, die dann bei erreichten Zielen umgesetzt werden kann.

Da Regeln, für die es keinerlei Konsequenzen bei Nichteinhaltung gibt, bedeutungslos werden, muss aber auch über Strafmaßnahmen nachgedacht werden. Als Leitgedanken dienen dabei das „klärende Gespräch" und die „Wiedergutmachung" (Tipp 59).

› Tipp 59

Sanktionen-Katalog

Vor der Erstellung eines „Kataloges von Sanktionen" muss mit den Schülern erarbeitet werden, welchen Sinn die Sanktionen haben. Die Schüler müssen sich vorstellen können, welches Ergebnis mit diesen Maßnahmen jeweils erreicht werden soll.
Weiterhin muss geklärt werden, wer für die Verhängung der Strafen verantwortlich ist. Je nach Art des Regelverstoßes kann diese Rolle ohne Weiteres von Schülern übernommen werden (Tipp 52). Sollte es hierbei Probleme geben, muss die Lehrkraft eingreifen.

› Tipp 52

Auf Regelverstöße reagieren II

59

Maßnahmen bei Regelverstößen

Diese Liste möglicher Maßnahmen bei Regelverstößen ist als Anregung zu verstehen und muss der jeweiligen Schulform und vor allem der spezifischen Situation angepasst werden. Es empfiehlt sich, die im Alltag gewonnenen Erfahrungen ergänzend in die Liste aufzunehmen.

- Vor der Klasse einen kleineren Vortrag halten, der im Zusammenhang mit dem regelwidrigen Verhalten steht (z. B. beim Jugendbeauftragten der Polizei Informationen darüber einholen, was passieren kann, wenn man eine Anzeige wegen Sachbeschädigung oder Bedrohung einer

Person erhalten hat); dieser Vortrag kann auch in schriftlicher Form in der Schülerzeitung oder am Schwarzen Brett veröffentlicht werden.
- Einen Entschuldigungsbrief an das Opfer schreiben.
- Ein Täter-Opfer-Gespräch mit geeignetem Moderator führen (Tipp 86, 87, 88).

› Tipp 86, 87, 88

Achtung!

Ein solches Gespräch darf nur dann initiiert werden, wenn das Opfer dem zustimmt!

- Ein Konfliktgespräch mit einem Gremium führen, das z. B. aus der Lehrkraft, den Eltern, dem Geschädigten und dem Täter mit einer Vertrauensperson besteht und als Vorinstanz unterhalb der Klassenkonferenz verstanden wird (Tipp 89). Es kann – z. B. indem es eine „Bewährungsstrafe" für den Täter ausspricht – schnell reagieren, ohne dass eine Konferenz einberufen werden muss.
- Den angerichteten Schaden wiedergutmachen.
- Soziale Dienste ableisten (z. B. Garten- und Reinigungsarbeiten in der Schule, Dienst in der Cafeteria; eventuell kommen auch Dienste außerhalb der Schule infrage, z. B. in Zusammenarbeit mit der Jugendgerichtshilfe).

› Tipp 89

Erziehungsmittel anwenden

60

Stören Schüler den Unterricht oder kommen sie ihren Pflichten nicht nach, können von den einzelnen Lehrkräften, vom Klassenlehrer oder von der Klassenkonferenz Erziehungsmittel als pädagogische Maßnahmen angewendet werden. Im Rahmen ihrer pädagogischen Verantwortung verfügt jede Lehrkraft dabei über unterschiedliche Möglichkeiten, auf Störungen und Konflikte im Unterricht wie Unaufmerksamkeit, Unpünktlichkeit, Unvollständigkeit der Arbeitsmittel, unangemessenes Verhalten usw. zu reagieren.

Nichtsanktionierende Erziehungsmittel

Zu den Erziehungsmitteln ohne sanktionierenden Charakter gehören:

- die Ermahnung,
- der Tadel,
- das Gespräch unter vier Augen oder im kleinen Kreis (Tipp 86, 89).

› Tipp 86, 89

Sanktionierende Erziehungsmittel

Sanktionierende Erziehungsmittel sind z. B.:

- Wiederholung nachlässig gefertigter Arbeiten (seien sie in der Schule oder zu Hause entstanden),
- zusätzliche häusliche Übungsarbeiten, die als Trainingsmaterial geeignet sind, also nicht zu mechanischen Schreib- und Lernübungen werden dürfen,
- besondere schulische Arbeitsstunden unter Aufsicht einer Lehrkraft nach vorheriger Benachrichtigung der Erziehungsberechtigten,
- Wiedergutmachung eines angerichteten Schadens; sie muss zumutbar und dem missbilligten Verhalten angemessen sein,
- Auferlegung besonderer Pflichten, die im Zusammenhang mit dem beanstandeten Verhalten stehen,
- Verweisung aus dem Unterrichtsraum,
- Ausschluss von einzelnen Schulveranstaltungen (z. B. von Schulwanderungen, Sportfesten, Schulfeiern) durch die Klassenkonferenz bei schriftlicher Benachrichtigung der Erziehungsberechtigten.

Rechtsmittel können gegen Maßnahmen dieser Art im Allgemeinen nicht eingelegt werden.

61 Ordnungsmaßnahmen ergreifen

› Tipp 60

Von den Erziehungsmitteln (Tipp 60) zu unterscheiden sind die Ordnungsmaßnahmen, die bei groben Pflichtverletzungen der Schüler zum Tragen kommen. Sie greifen in die Rechtssphäre der Betroffenen ein. Ordnungsmaßnahmen sind Verwaltungsakte, die mit Widerspruch und Klage vor dem Verwaltungsgericht angefochten werden können. Die Interventionen zielen darauf ab, einerseits erzieherisch zu wirken und andererseits einen ordnungsgemäßen Schulbetrieb zu gewährleisten.

Ordnungsgemäßen Schulbetrieb gewährleisten

Achtung!

Ordnungsmaßnahmen sollte die Schule so weit wie möglich vermeiden. Wird jedoch ihr Bildungsauftrag durch das Fehlverhalten eines Schülers gefährdet und haben die angewandten Erziehungsmittel nichts gefruchtet, ist eine verschärfte Gangart unumgänglich.

Auch auf ein Fehlverhalten außerhalb des Schulgebäudes oder des Schulgeländes kann mit einer Ordnungsmaßnahme reagiert werden, wenn der Vorfall in einem unmittelbaren räumlichen und zeitlichen Zusammenhang mit dem Schulbesuch steht, sich also z. B. auf Schulfahrten, bei Sportfesten oder auf dem Schulweg ereignet. In Betracht kommen z. B.:

- die Überweisung in eine Parallelklasse,
- die Überweisung an eine andere Schule derselben Schulform,
- die Androhung des Ausschlusses vom Unterricht bis zu drei Monaten,
- der Ausschluss vom Unterricht bis zu drei Monaten,
- die Androhung der Verweisung von allen Schulen,
- die Verweisung von allen Schulen.

Prüfkriterien für Verhältnismäßigkeit der Maßnahme

Die Aufzählung der Ordnungsmaßnahmen in den Länderregelungen stellt keine Stufenfolge für die Anwendung dar. Ein solches schematisches Vorgehen verstieße gegen den Grundsatz der Verhältnismäßigkeit: Die Maßnahme muss unter Berücksichtigung aller relevanten Umstände des Einzelfalles in einem angemessenen Verhältnis zum Fehlverhalten stehen. Folgende Fragen können dabei als Prüfkriterien herangezogen werden:

- Geeignet?
  Ist die in Betracht gezogene Maßnahme überhaupt geeignet, den gewünschten Erfolg herbeizuführen? Da der Erfolg einer Maßnahme sich niemals mit Sicherheit voraussagen lässt, scheiden auf dieser Stufe der Abwägung nur offensichtlich ungeeignete Möglichkeiten aus. So würde man einen Ausschluss vom Unterricht für zwei Tage wegen einer schweren Körperverletzung als offensichtlich völlig ungeeignet einstufen, da er angesichts einer erheblichen Gefährdung der Sicherheit der Mitschüler wohl kaum als brauchbar erscheint, den Schüler zu einer Verhaltensänderung zu bewegen und eine ausreichende abschreckende Wirkung zu erzielen.
- Erforderlich?
  Dieses Kriterium verlangt, dass unter den möglicherweise geeigneten Verfahren das den Schüler am geringsten belastende, aber doch noch Erfolg versprechende Mittel ausgewählt wird. Auch hier ist wiederum eine mit zahlreichen Unsicherheiten behaftete Prognose zu leisten. Es verstieße gegen diesen Grundsatz, einfach „auf Nummer sicher" zu gehen und den Schüler wegen einer schweren Körperverletzung an eine andere Schule zu überweisen, ohne die Umstände des Einzelfalles zu würdigen.
- Angemessen?
  Schließlich darf die Maßnahme nicht völlig unverhältnismäßig zum beabsichtigten Erfolg sein – man sollte also nicht „mit Kanonen auf Spatzen schießen".
  Das Gebot der Verhältnismäßigkeit strukturiert den Abwägungsprozess und fördert ein sorgfältiges Austarieren der betroffenen Interessen unter Einbeziehung der Persönlichkeit des Schülers und der anderen die Entscheidungssituation prägenden Faktoren. Es wirkt als Filter bei der Auswahl der Entscheidungsalternativen, begrenzt deren Zahl, ohne in jedem Fall eine „richtige" Entscheidung garantieren zu können. Es liegt in der Natur der Sache, dass wir auf offene Fragen stoßen, wenn es um die Treffsicherheit einer Prognose und die pädagogische Bewertung eines Verhaltens geht.

Feedback-Fließband

62

Das Feedback hilft Schülern, sich kritisch mit dem eigenen Verhalten und mit den Reaktionen ihrer Lehrer auseinanderzusetzen.

Gleich mal ausprobieren

Die Tische werden zu einem Viereck angeordnet. Jeder Schüler erhält eine Karteikarte, auf der nach aktuellen Verhaltensproblemen der Klasse gefragt wird, z. B. nach:

- der Lautstärke im Unterricht,
- der Problematik des Zu-spät-Kommens,
- Gewalttätigkeiten im Schulalltag,
- der Bewertung bestimmter organisatorischer Abläufe im Unterricht (z.B.: Welche Note hätte der Tafeldienst verdient?),
- einem einzelnen Phänomen (z. B.: Welche Regel unserer Klassenverfassung wird am häufigsten übertreten?),
- einer konkreten Situation (z.B.: In welcher Situation hätte der Lehrer einschreiten sollen, als sich Schüler deiner Klasse falsch verhalten haben?).

Jeder Schüler kennzeichnet seine Karte mit seinen Initialen. Auf Kommando des Lehrers beginnt das „Fließband", sich in Bewegung zu setzen: Jeder Schüler beantwortet auf der Kartenrückseite die jeweils gestellte Frage und reicht die Karte dann an seinen rechten Nachbarn weiter. Auch der notiert seine Antwort auf der Karte und lässt diese nach rechts weiterwandern.

So kommt das Fließband in Fahrt – und es wird erst angehalten, wenn die Karten ausgefüllt wieder zu ihrem Ausgangspunkt zurückgekehrt sind. Jetzt muss jeder Schüler, die auf seiner Karte zusammengetragenen Antworten auswerten. Der Lehrer ruft die Schüler anschließend in bunter Reihenfolge auf und diese fassen die Antworten ihrer jeweiligen Karte kurz zusammen.

Anschließend werden die einzelnen Karteikarten mit Klebeband an der Tafel befestigt. Dann erhält jeder Schüler drei Markierungspunkte. Diese klebt er auf die Karten, deren Ergebnis ihn am meisten überrascht hat. So wird für alle sichtbar, wo es besonderen Gesprächsbedarf gibt und an welchen Problemen in erster Linie gearbeitet werden sollte.

Achtung!

Während der Auswertungsphase im Klassenplenum ist Nachfragen erlaubt und erwünscht, aber jede ausführliche Diskussion würde den Rahmen der Methode „Fließband" sprengen.

63 Die Späher

Damit fehlerhaftes Verhalten bewusst gemacht werden kann, muss es zunächst einmal wahrgenommen werden. So fällt manchem Schüler die Lautstärke von Störgeräuschen im Unterricht kaum auf. Verlässt er aber während des Unterrichts kurz den Raum, kann es vorkommen, dass er bei seiner Rückkehr ins Klassenzimmer feststellt: „Man hört euch im ganzen Treppenhaus."

Anonyme Beobachtungsinstanz

Schüler sind also auf eine Instanz angewiesen, die ihr Verhalten während des Unterrichts beobachtet und sie mit diesen Beobachtungen konfrontiert. Der unterrichtende Lehrer kommt als eine solche Instanz nicht infrage: Er ist so sehr mit der Organisation seines Unterrichts beschäftigt, dass es ihm kaum möglich ist, das Mikroklima sensibel wahrzunehmen (je nach Unterrichtsstoff ist es ihm allenfalls möglich, sich während einer Stunde auf einen einzigen Schüler zu konzentrieren und die Methode des Monitorings anzuwenden, (Tipp 69)). Auch technische Hilfsmittel – wie z. B. die sogenannte Lautstärkenampel (Tipp 70) – können allenfalls über allgemeine Phänomene, nicht jedoch über das Verhalten Einzelner Rückmeldung geben. Die Schüler selbst aber können durchaus zu Spähern werden, die im Schutz der Anonymität das Verhalten ihrer Mitschüler beobachten und diese Beobachtungen schriftlich festhalten.

› Tipp 69
› Tipp 70

Gleich mal ausprobieren

Die Namen aller Schüler werden auf Kärtchen geschrieben, diese werden gemischt. Jeder Schüler zieht den Namen eines Mitschülers und wird damit dessen Späher. Anhand eines Beurteilungsbogens registriert er alles, was ihm zur Arbeitshaltung, zur Unterrichtsdisziplin und zum Sozialverhalten des ausgelosten Mitschülers auffällt. Der Beobachtungsbogen ist dabei besonders hilfreich, weil er sich ohne großen Aufwand ausfüllen lässt und weil hier die unterschiedlichen Beobachtungskriterien zusammengestellt sind. Ist die Unterrichtsstunde beendet, geben sich die Späher zu erkennen und händigen den „Opfern" ihres Scharfblicks die ausgefüllten Bögen aus.

Achtung!

Damit die Wirkung dieser Methode nicht verpufft, kommt es auf eine qualifizierte Auswertung an: Beispielsweise können der Späher und sein „Opfer" dazu verpflichtet werden, am Nachmittag miteinander zu telefonieren und sich über die Ergebnisse dieser Beschattungsaktion auszutauschen bzw. nach möglichen Verhaltensalternativen zu suchen. Ganz im Sinne einer nachhaltigen Verhaltensänderung wäre es, wenn die „Beschattung" im Abstand einiger Wochen wiederholt würde. Dann könnte sich nämlich zeigen, was sich in der Zwischenzeit alles getan und wie engagiert der beobachtete Schüler an einer Veränderung eingeschliffener Verhaltensweisen gearbeitet hat.

Die Gesprächsrunde

64

In einer Klasse ergeben sich immer wieder Konflikte – auch kleineren Ausmaßes. Oft lässt der Schulalltag keinen Spielraum, auf solche Probleme einzugehen, da der Unterricht fortgesetzt werden muss. Das Bedürfnis der Schüler, den Konflikt kurz zu besprechen, bleibt jedoch bestehen. Hier hilft ein konkretes Gesprächsangebot mit akzeptabler Zeitperspektive: An einem bestimmten Tag in der Woche sollte ein fester Zeitraum für solche Anliegen reserviert sein – der den Schülern als Ritual im Schulalltag Halt und Orientierung gibt (Tipp 43).

› Tipp 43
Strukturierende Rahmenbedingungen

Diese Bearbeitung „kleiner" Probleme kann in die Hände der Schüler gelegt werden. Sie sind – sofern ihnen strukturierende Rahmenbedingungen vorgegeben werden – in der Lage, die meisten dieser Konflikte selbst auszutragen.

Gleich mal ausprobieren

Zwei Schüler leiten die Gesprächsrunde. Einer führt die Meldeliste, ein anderer ruft auf. Es wird nach der Reihenfolge der Meldungen aufgerufen (Zwischenfragen werden erst zugelassen, wenn die Klasse in der Einhaltung von Gesprächsregeln ausgesprochen geübt ist). Falls nötig, werden die Meldungen auf einen Themenbereich beschränkt.
Der Lehrer hat im Gespräch nicht mehr Rechte als jeder der Schüler.

SOS-Tipp

Wenn den leitenden Schülern das Gespräch entgleitet, müssen Sie als Lehrkraft intervenieren. Beschränken Sie aber Ihre Eingriffe dabei so weit wie möglich auf Regelhinweise.

65 Der Heiße Stuhl

Beim „Heißen Stuhl" handelt es sich um eine bewährte Feedback-Methode: Hier erfahren die Schüler, wie sie von den anderen wahrgenommen werden. Wer sich auf den „Heißen Stuhl" setzt, bittet damit seine Mitschüler um Rückmeldung – sei es in Form von Lob oder Kritik. Damit durch die Äußerungen jedoch keiner verletzt wird, ist von allen Beteiligten Disziplin gefragt: Es sollte nicht das ganze

Register guter und schlechter Eigenschaften eines Einzelnen zur Sprache kommen. Vielmehr geht es ausschließlich um die Frage, inwieweit das Verhalten desjenigen das Arbeits- und Lernklima in der Klasse beeinflusst. Bestimmte Spielregeln schützen dabei vor unsachlicher Polemik oder öffentlicher Bloßstellung. Sich gegenseitig zuzuhören und sich nicht immer unmittelbar rechtfertigen zu müssen – das ist in diesem Zusammenhang für viele Schüler eine ebenso neue wie notwendige Erfahrung.

Sachliches und gezieltes Feedback

Achtung!

Der „Heiße Stuhl" muss rechtzeitig angekündigt und gut vorbereitet werden. Damit alle Gelegenheit haben, sich die Beobachtungen anderer anzuhören und weil keine Rückmeldung abgewürgt werden sollte, müssen für den „Heißen Stuhl" zwei Schulstunden veranschlagt werden.

Gleich mal ausprobieren

Die Schüler setzen sich im Stuhlkreis zusammen. Nach Möglichkeit wird ein bequemer Sessel organisiert, der für die Dauer dieses „Experiments" zum „Heißen Stuhl" wird.
Der Lehrer ist nur als Zuschauer zugelassen und zieht sich in die Rolle des neutralen Schiedsrichters zurück: Er muss darauf achten, dass folgende Spielregeln befolgt werden.

1. Auf dem „Heißen Stuhl" erfährt jeder, was er zur Atmosphäre im Klassenzimmer beiträgt.
2. Jedem ist freigestellt, auf dem „Heißen Stuhl" Platz zu nehmen. Niemand darf dazu gezwungen werden.
3. Jeder kann Rückmeldung geben. Sie muss aber immer eine positive und eine negative Bemerkung enthalten.
4. Wer auf dem „Heißen Stuhl" Platz genommen hat, kann auch gezielt einzelne Mitschüler bitten, ihm ein Feedback zu geben.
5. Jede Rückmeldung sollte eine Ich-Botschaft sein.
6. Die Rückmeldungen dürfen keine Beleidigungen oder unbewiesene Behauptungen enthalten.

7. Die einzelnen Beiträge werden zur Kenntnis genommen, aber nicht kommentiert.
8. Der Kritisierte darf lediglich nachfragen, wenn er etwas nicht verstanden hat.

66 Der Geduldsfaden

› Tipp 67

Mit der Methode „Geduldsfaden" kann zum Verhalten der Schüler im Verlauf der Unterrichtsstunde auf visualisierte Weise Rückmeldung gegeben werden (eine weitere solche Methode findet sich in Tipp 67).

Gleich mal ausprobieren

Material: Tafel, Kreide (eventuell zweifarbig, Tafelschwamm)
Zu Beginn der Stunde malt der Lehrer einen oder zwei „Geduldsfäden" an die Tafel. Immer dann, wenn die Lautstärke bzw. Unruhe in der Klasse zu sehr zunimmt, wird ein Stück des Fadens weggewischt. Den aktuellen Stand haben die Schüler somit ständig vor Augen.
Die Klasse hat dann „gewonnen", wenn ein möglichst langes Stück des Fadens am Ende der Stunde übrig ist.

Alternativen: Es können auch echte Bindfäden an der Tafel aufgehängt werden, die bei Bedarf abgeschnitten werden. Außerdem kann die Klasse in zwei Gruppen aufgeteilt werden, die gegeneinander antreten. Ein solcher Wettbewerb wirkt sich besonders motivierend aus. Die Gruppe, deren Faden am Ende der Stunde länger ist, hat gewonnen.

67 Das Kleeblatt-Prinzip

› Tipp 66

Wie beim „Geduldsfaden" (Tipp 66) handelt es sich auch beim Kleeblatt-Prinzip um eine visualisierte Rückmeldung, mit der störendes Schülerverhalten im Unterricht dokumentiert werden kann.

Gleich mal ausprobieren

Auf eine Seitentafel zeichnet der Lehrer ein vierblättriges Kleeblatt. Bei einer Störung schreibt er den Namen des betreffenden Schülers in eines der vier Blätter. Sind alle Blätter voll, gibt es für jeden darin genannten Schüler eine Extraarbeit. Sollte ein Name zweimal auftauchen, muss dieser Schüler doppelt arbeiten.

Der Grüne Brief

68

Störungen schriftlich mitteilen

Der Blaue Brief hat seit Generationen in der Schule seinen angestammten Platz und ist entsprechend gefürchtet: Wenn ein Schüler das Klassenziel nicht erreicht hat, werden seine Eltern mit einem solchen Schreiben knapp, aber unmissverständlich über den Beschluss der Lehrerkonferenz informiert.

Der Grüne Brief ist schulrechtlich ohne jede Bedeutung. Und er ist auch nicht an die Erziehungsberechtigten, sondern an die Schüler selbst gerichtet. Darin teilt ihnen der Lehrer mit, welche Unterrichtskonflikte ihn im Zusammenhang mit dem betreffenden Schüler derzeit beschäftigen und wo er entsprechenden Handlungsbedarf sieht.

Einen Grünen Brief erhalten z. B.

- Schüler der unteren Klassen, wenn einer ihrer Streiche die Grenze des guten Geschmacks überschritten hat und zu weit gegangen ist;
- die Mädchen in der Mittelstufe, wenn sie im Schutz der Gruppe gemeinsam dem Sportunterricht ferngeblieben sind;
- Schüler der Abschlussklasse, um sie daran zu erinnern, dass der Alkoholkonsum beim Wandertag zu einer Belastung des Klassenklimas geführt hat.

Mit dem Grünen Brief dokumentieren Lehrer, dass sie das Geschehen im Unterricht sehr genau beobachten und auch nicht wegschauen, wenn es zu irgendwelchen „Auswüchsen“ kommt.

Achtung!

Ein Grüner Brief sollte in jedem Fall als Ich-Botschaft formuliert sein. Ein Lehrer teilt seinem Schüler auf diese Weise mit: „Ich habe ein Problem mit dir und du sollst davon wissen.“
Moralische Appelle („Bitte respektiere die gemeinsam beschlossenen Regeln!“) oder sublime Drohungen („Andernfalls könnte das Konsequenzen für dich haben“) verzerren das eigentliche Anliegen des Grünen Briefs und sind darin fehl am Platz.

Persönliche Botschaften senden

Am besten ist es, wenn die Schüler den Grünen Brief am Samstagmorgen in ihrem Briefkasten vorfinden. Sie haben dann ausgeschlafen und Zeit, sich mit der persönlichen Botschaft des Lehrers auseinanderzusetzen.
Begleiterscheinungen wie der Umstand, dass auch die Eltern neugierig werden und sich nach dem Inhalt des Briefes erkundigen, können nicht ausgeschlossen werden, sind für den betroffenen Schüler aber sehr wohl zumutbar. Manche Lehrer legen dem Grünen Brief einen frankierten Rückumschlag bei, sozusagen als unaufdringliche Aufforderung, zu antworten. Den Schülern sollte aber freigestellt sein, wie sie mit dem Brief umgehen wollen.

Um die Ecke gedacht

Es gibt einige Vorteile des Grünen Briefs, die nicht unmittelbar auf der Hand liegen, jedoch seine besondere Wirkung ausmachen:
Der Grüne Brief profitiert vom Überraschungseffekt. In einer Zeit, in der der Brief als Kommunikationsmittel ausgedient hat, kann er in den Familien der Schüler für umso mehr Aufsehen sorgen. Dazu kommt, dass die Schüler diese Maßnahme ihres Lehrers nur schwer einschätzen können. Sie wissen, dass darin ein konkretes Fehlverhalten angesprochen wird, aber auch dass es sich hierbei nicht um eine Strafe handelt.

Monitoring 69

Positive und negative Verhaltensweisen kommunizieren

Wenn ein Lehrer einen Schüler nach dem Unterricht zu sich bestellt, hat dieser meist etwas angestellt. Und wenn der Lehrer nachmittags bei den Eltern des Schülers anruft, dann verheißt das auch nichts Gutes. Beim Monitoring dagegen sucht der Lehrer auch dann das Gespräch, wenn ihm bei einem Schüler nur positive Verhaltensweisen aufgefallen sind. Ob positiv oder negativ – im Fokus steht der Schüler.

Gleich mal ausprobieren

Der Lehrer sucht sich vor jeder Stunde einen bestimmten Schüler aus, den er während des Unterrichts beobachtet. Er achtet im Verlauf der Schulstunde – ohne dass der Schüler etwas davon merkt – z. B. darauf,

- ob der Schüler seine Arbeitsmaterialien bereitgelegt hat,
- wie intensiv und sorgfältig er sich am Verbessern der Hausaufgabe beteiligt,
- wie engagiert er dem Unterrichtsgeschehen folgt,
- wie er sich gegenüber den Mitschülern verhält,
- inwiefern er sich am Unterrichtsgespräch beteiligt.

Am späten Nachmittag greift der Lehrer dann zum Hörer und ruft den betreffenden Schüler an. Nach einer Schrecksekunde, die man jedem Schüler zugestehen sollte, hat zunächst der Lehrer das Wort: Der Schüler erfährt, welche Verhaltensweisen der Lehrer an ihm beobachtet, was ihn gefreut und was ihn geärgert hat. Anschließend kann der Schüler seine Sicht dem Lehrer erläutern. Bei dieser Gelegenheit kann er seine Kritikfähigkeit unter Beweis stellen, außerdem begegnen sich Lehrer und Schüler auf Augenhöhe, was ein wichtiger Aspekt des Monitorings ist.

Das Gespräch sollte nicht beendet werden, ohne dass sich beide Seiten auf gewisse Verhaltenskorrekturen verständigt haben. Wenn sich dann der Schüler nach ein paar Wochen einem neuerlichen Monitoring zu stellen hat, kann überprüft werden, inwiefern er die Vereinbarungen eingehalten hat, und es kann daraus geschlossen werden, wie ernst es ihm dabei gewesen ist.

Achtung!

Es sollte gewährleistet sein, dass Lehrer und Schüler bei ihrem nachmittäglichen Austausch wirklich ganz unter sich sind. Mit einem Schüler, der dabei von seiner versammelten Familie umringt wird, lässt sich kein vernünftiges und vor allem kein ehrliches Gespräch führen. Die Bitte „Kannst du dafür sorgen, dass du allein im Raum bist?" mag von den aufgeregten Eltern als Unhöflichkeit empfunden werden. Aber sie gewährleistet, dass aus dem Monitoring kein Tribunal vor versammeltem Publikum wird.

Die Lautstärkenampel

70

Die negativen Auswirkungen von Lärm auf die Lern- und Behaltensleistungen von Schülern haben verschiedene Untersuchungen eindringlich deutlich gemacht. Sie zeigen, dass schon bei einer Lautstärke von nur 40 dB(A) Lern- und Konzentrationsstörungen auftreten können.

Als personenunabhängige Rückmeldung über den aktuellen Lärmpegel in der Klasse bietet sich die sogenannte Lautstärkenampel an, die im Handel erhältlich ist. Die Lautstärkenampel greift die lernpsychologischen Prinzipien der Verkehrsampel auf: Rot ist verboten, Grün ist erlaubt. Ab 50 dB(A) (Flüstern) springt die Lautstärkenampel an, bei 110 dB(A) (Geräusch eines Presslufthammers aus 10 m Entfernung) ist ihre Obergrenze erreicht. Lehrkräfte können am Gerät in Schritten zu 10 Dezibel einstellen, wann es ihnen zu laut wird. Die Ampel schaltet zuerst auf Gelb und dann auf Rot, wenn die eingestellten Lärmwerte überschritten werden. Ein Warnsignal ist zu- und abschaltbar.

Verhaltensmodifikatorisches Verfahren

Psychologisch betrachtet ist die Lautstärkenampel ein verhaltensmodifikatorisches Verfahren: Sie gibt Rückmeldung und fördert das Lernen durch Belohnung (Grün) von erwünschtem Verhalten und Bestrafung (Rot) unerwünschten Verhaltens.

Achtung!

Die Schwierigkeit, einen akustisch geeigneten Ort zum Aufstellen bzw. Aufhängen der Ampel zu finden, der darüber hinaus auch in der Nähe einer Steckdose liegen muss, ist bei allen erhältlichen Geräten gleich. Da hilft nur probieren – woran sich die Schüler jedoch interessiert beteiligen. Der Standort der Ampel ist zudem eine pädagogische Frage: Wählt man einen Platz in der Nähe eines Hauptstörers, kann dieser stigmatisiert werden. Möglich ist aber auch, dass die Ampel ihm hilft, sein Verhalten zu verbessern. Gute Erfahrungen machen Lehrkräfte, die bei der Positionierung der Ampel alle Schüler beteiligen.

RICHTIG FEEDBACK GEBEN

71

Strategien für angemessenes Feedback

Folgende Strategien helfen, den Schülern über ihr Verhalten angemessen und auf solche Art Feedback zu geben, dass sie die darin enthaltene Kritik annehmen können. Dies schafft gute Voraussetzungen dafür, dass sie ihr Verhalten ändern.

- Frühzeitig intervenieren, bevor der eigene Ärger steigt.
  Je größer die persönliche Missstimmung wird, umso weniger lassen sich eskalierende nonverbale und paraverbale Reaktionen kontrollieren.
- Für persönliches Feedback einen passenden Rahmen schaffen.
  Eine Konfliktsituation in der Klassenöffentlichkeit ist der ungünstigste Zeitpunkt für ein persönliches Feedback. Verschieben Sie diesen Impuls auf ein ruhiges Gespräch unter vier Augen (Tipp 39, 87).

› Tipp 39, 87

- Keine Vorhaltungen machen und Moralpredigten halten.
  Äußern sie kurz und klar, was die Schüler tun sollen (nicht was sie nicht tun sollen). Deeskalierend wirkt immer der Blick nach vorn. Die Schüler haben dann die Chance, es besser zu machen, und müssen sich nicht mit der Interpretation der Vergangenheit beschäftigen.

Deeskalation

- Den Schüler bei der Ansprache nur kurz anschauen.
  Ein langes Fixieren signalisiert Konfliktbereitschaft und Eskalation. Wenn Sie den Schüler nur kurz anschauen und dann den Blick auf das Arbeitsmaterial lenken oder dorthin deuten, zeigen Sie, dass Sie an der Weiterarbeit interessiert sind und den Vorfall dann auf sich beruhen lassen.
- Die Stimme nur kurz anheben, dann wieder normal weitersprechen.
  Diese Technik signalisiert einerseits die Bereitschaft zur Deeskalation und andererseits werden die Schüler kurz aufmerksam, unterbrechen Seitengespräche und bleiben leise, um die Anweisung verstehen zu können.

Ich-Botschaft über negative Gefühle

- Eigene negative Gefühle auch als solche äußern („Ich ärgere mich ...“ und nicht „Ihr seid heute unmöglich“).
  Auf diese Weise wird deutlich, dass die Lehrkraft ein aktuelles ernstes Anliegen an die Klasse hat. Die Schüler sind nicht damit beschäftigt und davon eingenommen, für sich zu klären, ob der Vorwurf berechtigt und wer der Schuldige ist (Eskalation).

72 Frühzeitig Beratungsgespräche

Zu den wichtigsten Aufgaben des Schulsystems zählt die individuelle Förderung sowohl der leistungsstärkeren als auch der leistungsschwächeren Schüler. Ziel der verschiedenen Fördermaßnahmen bei leistungsschwächeren Kindern und Jugendlichen ist es, Klassenwiederholungen möglichst zu vermeiden, Schwierigkeiten zu bewältigen und den Schulbesuch erfolgreich zu gestalten.

Frühzeitige Verständigung über individuelle Fördermaßnahmen

Eine frühzeitige Verständigung über individuelle Fördermaßnahmen für einen Schüler zur Behebung einer negativen Leistungs- oder Verhaltensentwicklung ermöglicht nach dem Prinzip des Frühwarnsystems eine rechtzeitige Kurskorrektur und ist eine Hilfestellung für Eltern, Schüler und Lehrer.

SOS-Tipp

Es kann durchaus sinnvoll sein, zu einem Beratungsgespräch einzuladen, wenn die Leistungen des Schülers zwar im Moment noch nicht negativ sind, aber z.B. damit gerechnet werden muss, dass eventuell durch die nächste Klassenarbeit die Gesamtbeurteilung nicht mehr positiv sein wird.

Gleich mal ausprobieren

Zur Vorbereitung des Gesprächs sollten alle Beteiligten sich überlegen, wie sie die momentane Situation einschätzen. Sie können den unten aufgeführten Gesprächsleitfaden als Vorlage benützen, abändern, ergänzen oder sich frei Notizen machen.

Zu den einzelnen Fragen schreibt jeder seine vorläufige Meinung über das auffällig gewordene Verhalten oder die Leistungsverschlechterung auf. In der zeitnah stattfindenden Besprechung werden die Informationen ausgetauscht und es werden miteinander Ziele vereinbart. Die Anwendung von Gesprächsführungsstrategien trägt in diesem Rahmen zu einer erfolgreichen Beratung bei (Tipp 86, 87, 88).

› Tipp 86, 87, 88

Fragenkatalog zur Reflexion vor dem Gespräch

Die folgenden Fragen, die sich auf einen Schüler beziehen, können von dem Betroffenen sowie seinen Eltern und Lehrern zur Vorbereitung des Beratungsgesprächs beantwortet werden. Dabei sollte jede Person ihre Sichtweise der Lage äußern:

- Könnte die Ursache für die momentanen Probleme mit der Begabung, Lernfähigkeit, mit Leistungsstärken oder -schwächen, mit der Aufmerksamkeit oder mit dem Verstehen von Aufgaben zusammenhängen?
- Könnten sich möglicherweise Probleme in Bezug auf die körperliche Leistungsfähigkeit, den Gesundheitszustand, das Funktionieren der Sinnesorgane (Sehen, Hören ...) usw. negativ auf die momentane Leistung oder das Verhalten auswirken?

- Sind Motivation, Schulinteresse, Arbeitshaltung, Leistungsbereitschaft, Selbstvertrauen, Kontakt mit anderen nicht ausreichend vorhanden, sodass es zu Leistungsproblemen gekommen ist?
- Könnten fehlende praktische Fertigkeiten, mangelhafte Routine bzw. Übung oder nicht ausreichende Lösungswege für persönliche Probleme Ursachen für die Leistungs- oder Verhaltensschwierigkeiten sein?
- Liegt es möglicherweise an der Unterrichtsgestaltung?
- Ist es eventuell der Unterrichtsgegenstand, der Probleme verursacht?
- Ist die Beziehung zu einem ganz bestimmten Lehrer schwierig?
- Liegen die Problemursachen außerhalb der Schule (Familie, Freundeskreis, Freizeitgestaltung)?

Wird nach dem Beratungsgespräch und den vereinbarten Fördermaßnahmen keine Verbesserung sichtbar, kann von der Lehrkraft ein weiteres Beratungsgespräch einberufen werden.

Achtung!

Alle Gesprächsteilnehmer sollten ihre Gesprächsunterlagen bis zum Schuljahresende aufbewahren, damit sie stets darauf zurückgreifen können, falls ein erneutes Beratungsgespräch einberufen werden muss.

Dranhalten

73

Aufmerksamkeit der Mehrheit zurückgewinnen

Beginnende allgemeine Unruhe in der Klasse ist ein wichtiges Signal, dem in der Regel massivere Störungen durch einzelne Schüler folgen. Da in diesen Situationen die Ursachen selten schnell erfassbar sind, ist die unspezifische Reaktion des „Dranhaltens“ zu empfehlen, um die Aufmerksamkeit der Mehrheit zurückzugewinnen.

SOS-Tipp

Das „Dranhalten" kann folgendermaßen erreicht werden:

- Positive Ansätze besonders hervorheben
  In diesem frühen Stadium empfiehlt es sich, zunächst noch nicht auf kleine Störungen einzugehen, sondern an einer klaren Strukturierung des Unterrichts zu arbeiten. Kurze positive Rückmeldungen, wenn einzelne Schüler mitarbeiten, und klare Anweisungen, was zu tun ist, können aus diesem Stadium herausführen (Tipp 56).
- Planung transparent machen
  („Das meiste ist schon geschafft. Jetzt müssen wir nur noch ...")
  Die allgemeine Disziplin wird leichter eingehalten, wenn allen erneut klar wird, welche Aufgaben und Inhalte in dieser Stunde noch bearbeitet werden sollen.
- Mitgefühl äußern
  („Das ist ganz besonders schwer für euch."; „Ihr seid sicher aufgeregt.")
  Häufig sind allgemeine Unlustgefühle der Grund für ein „Kriseln" in der Klasse. Eine schwere Aufgabe in der sechsten Stunde, eine gerade geschriebene oder bevorstehende Mathematikarbeit bindet die Emotionen und schränkt die Konzentrationsfähigkeit ein. Hier kann eine verständnisvolle Äußerung, die deutlich macht, dass die Lehrkraft sich in die Situation der Schüler einfühlen kann, oft mehr bewirken als die bloße Forderung nach Disziplin.

› Tipp 56

Der „Laser"-Blick

74

Dieses Verfahren zur Reaktion auf störendes Schülerverhalten beruht auf zwei psychologisch wichtigen Sachverhalten: der Kraft des festen Blickes sowie der Wirkung physischer Nähe.

Gleich mal ausprobieren

- Der Lehrer begibt sich ohne Hast, vielmehr gelassen, jedoch völlig wortlos zum Platz des Schülers.
- Er stützt sich mit beiden Händen auf die Tischplatte.
- Er blickt dem Störer aus einer Entfernung von weniger als einem halben Meter zunächst fest in die Augen.
- Er fordert ihn dann mit halblauter Stimme auf, die störende Tätigkeit zu beenden und weiterzuarbeiten.
- Danach wendet sich der Lehrer nicht etwa ab, sondern blickt den Schüler weiterhin aus unmittelbarer Nähe fest an, wobei er innerlich langsam bis drei zählt.
- Erst dann geht er gelassen wieder nach vorn.

Willenskraft als wirksames Signal

Im Kern geht es bei dieser Methode darum, den störenden Schüler dadurch zu beeinflussen, dass er den festen Willen des Lehrers verspürt. Einen Menschen fest anzusehen und seinen Blick nicht loszulassen, ist ein besonders wirksames Signal von Willenskraft. Die notwendige Arbeitsatmosphäre kann oft nur hergestellt werden, wenn der Lehrer dazu bereit und fähig ist, seinen erzieherischen Willen in geeigneter Weise geltend zu machen.

Ten green bottles

75

Durch Belohnung motivieren

Entscheidend bei dieser Methode ist, dass sich die Schüler eine Belohnung, die für das Ende der Unterrichtsstunde in Aussicht gestellt wird, durch gutes Betragen verdienen müssen. Dadurch werden sie motiviert, die Verhaltensregeln einzuhalten. Zudem wird der Einzelne durch die Erwartungshaltung der Gruppe in die Pflicht genommen.

Gleich mal ausprobieren

Die Lehrkraft vereinbart für das Ende jeder Unterrichtsstunde einige Minuten Zeit für eine Belohnung, z.B. einen Quiz oder Ähnliches (welche sogenannten Verstärker der Klasse

Spaß machen würden, kann auch vorab von den Schülern selbst erfragt werden, Tipp 58). Außerdem malt sie „zehn grüne Flaschen" an die Tafel, die zusammen fünf Minuten Belohnungszeit symbolisieren. Wenn nun jemand gegen die Melde- oder Sitzplatzregel verstößt, wird eine Flasche durchgestrichen – die Klasse hat eine halbe Minute Verlust an Belohnungszeit zu verbuchen.

› Tipp 58

Das Fragen-Klammer-System 76

Den Schülern im Unterricht möglichst viele Gelegenheiten zum Nachfragen zu geben, ist eine wichtige Rahmenbedingung für nachhaltiges Lernen (Tipp 11). In bestimmten Unterrichtsphasen – etwa der Stillarbeit – kann ständiges Nachfragen jedoch auch störend wirken. Die folgende Methode bietet hier einen Ausweg und verhindert, dass in solchen Situationen schleichende Unruhe einsetzt.

› Tipp 11

Unruhe vorbeugen

Gleich mal ausprobieren

Material: buntes Tonpapier, gestaltet zu einem Gesicht, ca. 50 cm Schleifenband (2 cm breit), Klammern mit Namen der Schüler.

Ablauf: Haben die Schüler eine Frage, heften sie ihre Namenklammer an die Figur (z. B. an die Bänder, die daran befestigt sein können). Die Schüler arbeiten nach dem Anheften weiter, das Problem lassen sie zunächst aus. Der Lehrer sieht regelmäßig nach, welche Schüler eine Klammer angeheftet haben, geht zu jedem von ihnen und beantwortet dessen Frage.

Durch das Frage-Klammer-System entsteht während der Arbeitsphase keine Unruhe, unnötiges Rufen wird vermieden. Die Schüler arbeiten stattdessen still weiter, gegebenenfalls klärt sich das Problem oder die Frage. Die Schüler werden dadurch auch zur Selbstständigkeit angehalten.

Stillarbeit nicht unterbrochen

Selbstständigkeit

Der Klassenrat

77

Der Klassenrat ist eine Versammlung aller Klassenmitglieder, in der jeder Teilnehmer – sei er Schüler oder Lehrer – gleichberechtigt die Möglichkeit hat, seine Meinung zu den zur Diskussion stehenden Themen frei zu äußern, selbst neue Themen einzubringen und über das gemeinsame Lernen und Zusammenleben innerhalb der Klasse mitzubestimmen und abzustimmen. Der Klassenrat dient zur Entscheidungsfindung bezüglich gruppen-, klassen- und schulspezifischer Anlässe und Problemsituationen, trägt zur Konfliktlösung bei und fördert basisdemokratische Entscheidungsprozesse.

Konfliktlösung und basisdemokratische Entscheidungen

- Die Durchführung des Klassenrats
  Der Klassenrat wird auf einen festen wöchentlichen Termin gelegt (bei älteren Schülern ist auch ein vierzehntägiger oder sogar monatlicher Rhythmus möglich) – notwendige Voraussetzung ist eine Klassenlehrer- oder Verfügungsstunde.
- Die Themen
  Während der Woche können Themenwünsche für den Klassenrat auf der Themenliste notiert werden. Als Methode zur Sammlung relevanter Themen bietet sich u. a. die Plusminusrunde an (Tipp 24). Jedes Problem oder Thema wird stichwortartig benannt und die Dringlichkeit wird vermerkt. Die Themenliste hängt beispielsweise am Schwarzen Brett in der Klasse aus, damit alle Schüler Gelegenheit haben, bereits vorab über die Themen nachzudenken.

Themenliste öffentlich aushängen

› Tipp 24

Achtung!

Handelt es sich um sehr persönliche Probleme oder Konflikte, die nicht vor der Klasse besprochen werden sollen, kommen sie in einen Kummerkasten und werden in persönlichen Gesprächen mit dem Klassenlehrer verhandelt (Tipp 26, 39).

› Tipp 26, 39

- Das Klassenrats-Team
  Das Klassenrats-Team wird wöchentlich neu unter den Klassenmitgliedern ausgelost. Es gibt die drei Losboxen „Moderation", „Organisation der Meldungen" und „Protokoll". In jeder Box befinden sich Lose mit allen Namen. Gezogene Lose werden beiseitegelegt. So ist sichergestellt, dass jeder Schüler im Verlauf des Schuljahres mindestens einmal eine der drei Aufgaben wahrnehmen muss. Bei neu zusammengestellten Klassen bietet sich eine Übergangslösung an: Die ersten drei Sitzungen werden von freiwilligen Freundschaftsteams geleitet. Danach ist aber das Losverfahren wichtig, weil es die Kooperation innerhalb der Klasse befördert.

  Förderung der Kooperation
- Die Vorbereitung der Tagesordnung
  Das Klassenratsteam nimmt sich am Tag vor dem Klassenrat die Themenliste vor und gestaltet nach der Dringlichkeit der Punkte eine Tagesordnung. Hierbei kann anfangs die Hilfe des Klassenlehrers nötig sein. Diese Tagesordnung wird im Klassenratsbuch notiert und zu Beginn der Klassenratsstunde an die Tafel geschrieben.
- Die Klassenratssitzung
  Die Sitzung wird nur vom Klassenratsteam geleitet, der Klassenlehrer ist Mitglied des Klassenrats. Für ihn gelten die gleichen Gesprächsregeln wie für die Schüler.
  Die Schüler und der Lehrer sitzen in einem Halbkreis, der zur Tafel hin geöffnet ist. Das Klassenratsteam steht vor der Tafel mit der Tagesordnung und der Protokollant kann am Pult schreiben.
- Ablauf der Klassenratssitzung
  Der Moderator benennt die Themen und fordert zunächst die Antragsteller auf, ihres zu erläutern. Während der anschließenden Diskussion ist der Schüler, der die Meldungen organisiert, besonders gefordert: Er notiert, wer sich in welcher Reihenfolge gemeldet hat, und vergibt das Rederecht. Diese Regelung sorgt für eine gewisse Ruhe, denn keiner muss Angst haben, übergangen zu werden.
  Der Moderator hat eine Glocke und kann damit signalisieren, dass die Gesprächssituation zu unruhig wird.

  Akustisches Signal bei Störungen

SOS-Tipp

Es kann Sitzungen geben, in denen die Glocke viel zu häufig zum Einsatz kommen muss. Dabei handelt es sich erfahrungsgemäß um Sitzungen, die kein befriedigendes Ergebnis erbringen. Dann besteht direkt im Anschluss an den Klassenrat die Notwendigkeit einer vom Klassenlehrer geleiteten Reflexion: Warum musste die Glocke so oft eingesetzt werden? Was haben wir heute im Klassenrat erreicht? Sind wir zufrieden oder hätten wir mehr schaffen können? Was nehmen wir uns für den nächsten Klassenrat vor?

- Lösungen finden

  Bei allen Diskussionspunkten sollte der Moderator der Klasse möglichst schnell die Frage stellen: „Was können wir selbst tun, um mit diesem Problem fertigzuwerden?“ Dazu erhält der Moderator einen Spickzettel mit möglichen Impulsen:

  Wer hat ähnliche Erfahrungen gemacht?

  Wer hat eine Idee/einen Vorschlag, was wir als Klasse tun können?

  Dabei ergeben sich oft erste Lösungsansätze, und sei es nur der Auftrag an die Klassensprecher, genauere Informationen einzuholen oder bestimmte Probleme in die Schülergremien einzubringen.

SOS-Tipp

Ist der Klassenrat neu eingeführt, kann ein behutsames Soufflieren des Klassenlehrers gerade an dieser Stelle vonnöten sein, zumal die Klasse ja auch den ganzen Ablauf erst einmal einüben muss.

- Protokoll

  Haben sich alle auf einen Lösungsvorschlag geeinigt oder sollen mehrere Vorschläge ausprobiert werden, wird die Verabredung vom Protokollanten in das Klassenratsbuch eingetragen.

Am Ende der Sitzung verliest der Protokollant die gefassten Beschlüsse, damit alle sie sich noch einmal vergegenwärtigen können. Dabei sollte er sich in etwa an diesen Wortlaut halten: „Wir haben Folgendes gemeinsam verabredet: …" Wenn möglich, wird vermerkt, wann eine Evaluation des Lösungsansatzes erfolgen soll: „Im nächsten Klassenrat am … wollen wir darüber sprechen, ob unser Vorschlag gut war/unsere Verabredung eingehalten worden ist."

Verbindlichkeit der Vereinbarungen

- Der Abschluss des Klassenrats
  Zum Schluss wird vom Moderator per Los das Team für die nächste Woche bestimmt und der Protokollant trägt die Namen der betreffenden Schüler in das Klassenratsbuch ein. Das Buch liegt immer offen in der Klasse, sodass alle Schüler die gefassten Beschlüsse jederzeit nachlesen können.

78 Eine „zweite Chance" geben

Der zwischenmenschliche Umgang im Schulalltag sollte geprägt sein von gegenseitiger Anerkennung (Tipp 96). Diese ist Ausdruck einer Haltung, die dem anderen beispielsweise bei Fehlverhalten eine „zweite Chance" einräumt. Auf die Enttäuschung über ein solches Verhalten folgt dann nicht sofort und reflexartig eine negative Reaktion.

› Tipp 96

Um die Ecke gedacht

Als Lehrkraft dem Schüler eine „zweite Chance" zu geben, heißt, anzuerkennen, dass dieser möglicherweise gar nicht falsch gehandelt hat, sondern dass man selbst vielleicht die betreffende Situation oder den jeweiligen Sachverhalt zu flüchtig aufgefasst bzw. nicht richtig eingeschätzt hat. Zur Anerkennung des anderen gehört auch, nachzufragen, das Gemeinte sorgfältig zu erfassen – und bei kleinen Rückschlägen nicht gleich frustriert zu sein.

Achtsamkeit als Schulkultur

Gehören Anerkennung und Achtsamkeit selbstverständlich zur Schulkultur, brauchen sie im Alltag auch kaum noch erwähnt oder angemahnt zu werden: Die Gewohnheiten und Rituale sprechen dann für sich. Ein solches „stillschweigendes Einverständnis" innerhalb einer Gruppe, sei es nun das Kollegium oder eine Klasse, über eine gemeinsame Kultur ist nach wissenschaftlichen Untersuchungen zum Thema „Qualität einer Schule" als entscheidender Faktor

„Emotionaler Klebstoff"

(„emotionaler Klebstoff") anzusehen, als das, „was die Leute zusammenhält". Das Gegenbild ergibt sich aus dem Fehlen einer gültigen Orientierung an bestimmten Basispunkten: Orientierungslosigkeit, diffuses Nebeneinander, Unverbindlichkeit, sperrige Eigenwilligkeiten, seit Langem mitgeschleppte, ungeklärte Konflikte, die den Schulalltag belasten usw.

Schwätzer disziplinieren

79

Diese Methode Ernst Ergenzingers hat sich schon in vielen Unterrichtssituationen bewährt und besteht darin, dass man störende Schüler im Unterricht nicht permanent ermahnt oder ihnen droht, sondern dass man ihr Privatgespräch als solches thematisiert und den Schülern in dieser Situation Handlungsoptionen aufzeigt.

Störgespräche thematisieren

Gleich mal ausprobieren

Ernst Ergenzinger rät, bei einer auffälligen privaten Unterhaltung zwischen Schülern zu fragen: „Wie lange braucht ihr für euer Gespräch noch, damit ich weiß, wie lange ich meinen Unterricht unterbrechen muss? Wir stören uns ja sonst gegenseitig."

Kommt es in dieser Stunde erneut zu einer Störung durch diese beiden Schüler, so soll der Lehrer noch einmal nach dem Mitteilungsbedürfnis der Schüler fragen, eventuell mit den Worten: „Entschuldigt bitte die erneute Störung. Ihr braucht wohl doch noch Zeit …"

Mit der kurzen Erklärung zum gegenseitigen Stören zeigt der Lehrer, dass es ihm darum geht, Störungen im Unterricht zu vermeiden, und nicht darum, Ruhe zum Selbstzweck herzustellen.

Achtung!

Wichtig ist, dass die Lehrkraft im Anschluss an ihre Ermahnung mindestens 30 Sekunden lang schweigt. Dies ist besonders schwierig durchzuhalten, denn man neigt dazu, nach der Beendigung der Störung unverzüglich mit dem Unterricht fortzufahren. Wenn Ihr Intervenieren jedoch Erfolg haben soll, müssen Sie sich zu diesem Innehalten zwingen.

Den Schülern ist diese Form der Intervention peinlich, denn sie erkennen, dass ihre Schwätzerei als ernsthaftes Gespräch respektiert wird, das im Unterricht unangemessen ist. Da man die Schüler ernst nimmt, müssen sie sich jetzt auch entsprechend verhalten und sich entschuldigen. Sie gestehen somit ein, dass ihr Gespräch nicht notwendig war und den Fortgang des Unterrichts behindert hat. Hierbei ist entscheidend, dass nicht der Lehrer das Gespräch zur Störung erklärt, sondern die Schüler selbst.

Partnerschaftliche Interaktion

Diese Maßnahme der Intervention beruht auf partnerschaftlicher Interaktion. Im Vordergrund steht hier nicht das Gespräch der Schüler, sondern die Tatsache, dass das Unterrichts- und das Schülergespräch zur gleichen Zeit nicht störungsfrei möglich sind. Daher muss ein Prozess des Aushandelns von Normen durchgeführt werden.

Prozess des Aushandelns von Normen

Ergenzinger zufolge besteht der Vorteil dieser Methode darin, dass man Diskussionen mit den Schülern vermeidet und somit „Machtkämpfe“ zwischen Lehrern und Schülern, die viel Unterrichtszeit in Anspruch nehmen und meist ohne Resultate bleiben, umgeht.

Natürlich muss man abwägen, wann diese Intervention sinnvoll ist. Man sollte sie nur behutsam, aber gezielt einsetzen, um möglichst wenig Unterrichtszeit für Interventionen zu opfern und um graduell auf Unterrichtsstörungen eingehen zu können. Oftmals reichen nonverbale Impulse aus, wie etwa ein ernster Blick, eine beruhigende Handbewegung oder die Modulation der Stimme, um angemessen mit Störungen umzugehen (Tipp 8, 74). Sollte jedoch auch ein kurzes Ermahnen nicht zur Beendigung der Störung führen, bietet sich Ergenzingers Methode an.

› Tipp 8, 74

Achtung!

Es ist zu beachten, dass diese Methode, wie jede andere auch, bei zu häufigem Einsatz ihre Wirkung verliert, deshalb sollte sie sparsam und pädagogisch sinnvoll eingesetzt werden.

80 Deeskalierend wirken

Verschärfung des Konflikts vermeiden

Wenn ein Schüler in einer Auseinandersetzung sehr erregt ist, besteht die Gefahr, dass das Verhalten eskaliert. Der Lehrer muss in dieser Situation extrem kontrolliert vorgehen, um eine weitere Verschärfung des Konflikts zu vermeiden. Im Folgenden werden einige Richtlinien für Verhaltensweisen und den Umgang mit Schülern in dieser Situation genannt.

SOS-Tipp

- Bewegen Sie sich langsam auf den Schüler zu. Vermeiden Sie dabei schnelle Bewegungen und Verhaltensweisen, die auf Panik oder Angst schließen lassen (Tipp 8).
- Sprechen Sie mit leiser, kontrollierter Stimme.
- Nehmen Sie den Schüler zur Seite, vermeiden Sie Aussagen vor der Klasse.
- Seien Sie so sachlich wie möglich, vermeiden Sie Drohungen.

› Tipp 8

- Minimalisieren Sie Ihre Körpersprache, vermeiden Sie es, mit dem Zeigefinger auf etwas hinzuweisen, den Schüler anzustarren oder sich vor ihm „aufzubauen“.
- Halten Sie eine vernünftige Distanz zum Schüler ein.
- Sprechen Sie respektvoll. Vermeiden Sie eine harte, ärgerliche Sprache. Nennen Sie den Schüler beim Namen und sprechen Sie in einer sanften, gelassenen Weise.
- Gehen Sie auf die Blickhöhe des Schülers: Wenn der Schüler sitzt, setzen oder hocken Sie sich neben ihn. Wenn der Schüler steht, bleiben auch Sie stehen.
- Benutzen Sie eine knappe und einfache Sprache, vermeiden Sie langatmige Ausführungen.
- Bleiben Sie bei der Sache: Konzentrieren Sie sich auf das aktuelle Problem. Lassen Sie sich nicht ablenken, besprechen Sie andere Probleme später.
- Ziehen Sie sich zurück, wenn das Problemverhalten eskaliert: Beenden Sie die Diskussion und folgen Sie den Verfahrensweisen für Notfälle.
- Vermeiden Sie Machtkämpfe: Lassen Sie sich nicht in Auseinandersetzungen der Art „Du sollst ...– Nein!“ hineinziehen.
- Reagieren Sie mit Anerkennung auf kooperatives Verhalten und halten Sie die Kooperationsbereitschaft in einem späteren Bericht oder bei einer späteren Besprechung fest.

Die Friedensbrücke

81

Konflikte konstruktiv lösen

Mithilfe des Konfliktlöseschemas „Die Friedensbrücke“ können Kinder und Jugendliche schrittweise lernen, ihre Konflikte selbst und konstruktiv zu lösen. Bei der Einführung des Schemas moderiert zunächst der Klassenlehrer das Konfliktgespräch. Später können die Schüler ihre Konflikte mithilfe des Schemas auch ohne Moderation durch die Lehrkraft lösen.

Gleich mal ausprobieren

Die Konfliktparteien stehen sich gegenüber. Die vier Phasen des Streitschlichtungsprozesses können beispielsweise anhand entsprechend beschrifteter Blätter, die auf dem Boden ausgelegt werden, visualisiert werden. Die Blätter sollten so angeordnet werden, dass die Phasen aus Sicht der jeweiligen Konfliktpartei Stufen ergeben, die letztlich zur Lösung des Konfliktes führen und quasi eine „Friedensbrücke" bilden:

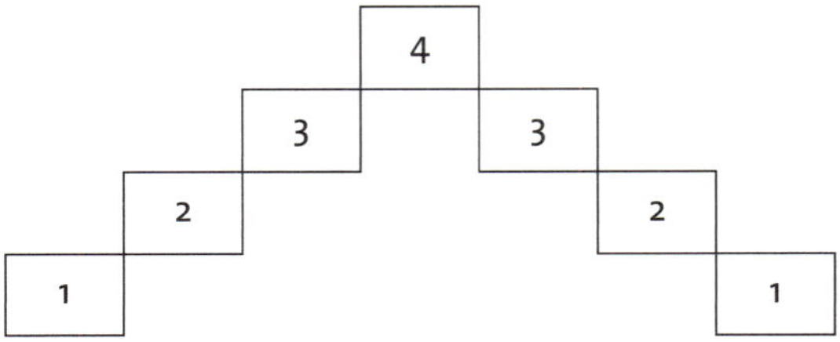

Im Laufe der Streitschlichtung bewegen sich die Streithähne aufeinander zu, indem sie immer ein Blatt weitergehen. Ein Austausch über Wünsche und Zugeständnisse der Streitbeteiligten mündet in der gemeinsamen Lösungssuche und einer gemeinsamen Vereinbarung (Schlichtungsformular). Im Folgenden wird der Verlauf des Gesprächs vorgestellt:

1. Phase: Regeln vereinbaren

An Schüler A und B: Willst du diese Regeln einhalten?
– Nur ein Schüler spricht, der andere Schüler hört zu!
– Beschimpfungen und Beleidigungen sind nicht erlaubt!

2. Phase: Standpunkte austauschen

An Schüler A: Was ist passiert?
Wie hast du dich dabei gefühlt?
An Schüler B: Wiederhole, was Schüler A gesagt hat!
An Schüler B: Was ist passiert?
Wie hast du dich dabei gefühlt?
An Schüler A: Wiederhole, was Schüler B gesagt hat!

3. Phase: Lösungen suchen

An Schüler A: Was wünschst du dir vom anderen Schüler?
Was bist du bereit zu tun, um den Streit zu beenden?
An Schüler B: Was wünschst du dir vom anderen Schüler?
Was bist du bereit zu tun, um den Streit zu beenden?

An Schüler A und Schüler B: Welcher Vorschlag löst euren Streit? Ist die Lösung fair für euch beide?

4. Phase: Abkommen schließen
An Schüler A und Schüler B: Vereinbarung: Wer macht was, wann und wo?

Als Alternative zur selbstständigen Konfliktlösung für Schüler ist auf die Methode in Tipp 83 zu verweisen.

› Tipp 83

Der Konfliktanzeiger

82

Konflikte innerhalb der Klasse reflektieren

In einer Klasse, in der ein schlechtes Klima herrscht, ist meist ein diffuses Gefühl dafür vorhanden, dass etwas nicht stimmt. Allgemein zum Ausdruck gebracht werden kann dies z. B. durch die Methode „Gemeinschaftsthermometer" (Tipp 16). Selten jedoch herrscht Klarheit darüber, was genau bzw. welche Konflikte für dieses unangenehme Gefühl verantwortlich sind. Mit der Methode Konfliktanzeiger reflektieren die Schüler mögliche Konflikte in der Klasse, nehmen sie wahr und zeigen sie mit ihrem Voranschreiten deutlich an.

› Tipp 16

Gleich mal ausprobieren

Material: Kreppband

Ablauf: Alle Schüler stehen auf einer mit Kreppband gezogenen Grundlinie nebeneinander am Ende des Raumes. Die Lehrkraft liest die folgenden Beispiele für Konflikte in der Klasse vor und die Schüler sollen jeweils einen Schritt nach vorn tun, wenn sie sich angesprochen fühlen:
Bitte mache einen Schritt nach vorn, wenn ...

- du schon einmal miterlebt hast, wie jemand in der Klasse geschlagen wurde,
- du schon einmal erlebt hast, wie jemand mit Worten bedroht wurde,
- du schon einmal miterlebt hast, wie jemand beleidigt oder beschimpft wurde,

- du schon erlebt hast, wie jemand ausgeschlossen wurde,
- du mitbekommen hast, dass jemand einen anderen geschubst hat,
- du mitbekommen hast, dass jemand hinter dem Rücken eines anderen getuschelt hat,
- du mitbekommen hast, dass jemand erpresst worden ist,
- du es schon erlebt hast, dass zwei Schüler gar nicht mehr miteinander geredet haben,
- du es schon erlebt hast, dass Jungen als „Warmduscher" oder Mädchen als „Zicken" beschimpft worden sind,
- du es schon mitbekommen hast, dass jemand Eigentum eines anderen kaputtgemacht hat.

Je weiter die Einzelnen gehen (maximal zehn Schritte) bzw. die gesamte Klasse geht, desto mehr spielen alltägliche Konflikte eine Rolle.
Auswertung: Die Schüler werden aufgefordert, den Endzustand kurz wahrzunehmen. Im Stuhlkreis werden folgende Fragen diskutiert:

- Was ist euch aufgefallen?
- Hättet ihr gedacht, dass so viele Konflikte vorhanden sind?

83 Selbst ist der Schüler

› Tipp 81

Konfliktlösung nach einem Schema

Dieses Ritual bietet der Lehrkraft die Möglichkeit, zwei in Konflikt stehende Schüler ihren Streit selbsttätig bearbeiten und lösen zu lassen. Die Durchführung ist einfacher als bei der „Friedensbrücke" (Tipp 81) und kann den Schülern daher von vornherein ganz übertragen werden. Sie nehmen dieses Angebot in der Regel gerne an, weil sie ihren Konflikt häufig am liebsten selbst beheben möchten, jedoch eine Richtschnur dazu benötigen.

Gleich mal ausprobieren

Während des Unterrichts oder in der Pause stellt die Lehrkraft den beiden Konfliktparteien einen ruhigen Raum zur Verfügung und legt jedem ein Arbeitsblatt vor, das sie nach dem unten aufgeführten Schema mit ausformulierten Arbeitsaufträgen zusammengestellt hat. Die beiden Schüler bekommen die Anweisung, sich das Arbeitsblatt in Ruhe durchzulesen und nach den angegebenen Schritten vorzugehen. Jeder füllt sein Arbeitsblatt aus – bei manchen Fragen werden dabei Ergebnisse dokumentiert, die aus dem gegenseitigen Austausch hervorgegangen sind.

Aufbau des Arbeitsblattes:

1. Oben können die Teilnehmer ihre Namen eintragen.

2. Jeder beantwortet zunächst für sich folgende Punkte:
Der Streit begann damit: ...
Der Streit ist so abgelaufen: ...
Der Streit endete damit: ...

3. Durch die Vervollständigung der folgenden Satzanfänge drücken nun beide Streitpartner dem anderen gegenüber aus, wie der Streit für sie war. Erst kommt Schüler A dran, dann Schüler B.
Als du ... (z.B. *als du mich verpetzt hast),*
wurde ich ... (z.B. *sehr wütend auf dich),*
weil ... (z.B. *das sehr gemein von dir war),*
und ich möchte jetzt, dass du ... (z.B. *dich entschuldigst und mich nicht mehr verpetzt).*

4. Jetzt sprechen beide darüber, was sie tun, um den Streit zu beenden. Sie tragen ihre Ergebnisse zu den unten aufgeführten Punkten auf dem Arbeitsblatt ein und unterschreiben beide Arbeitsblätter.
Was ich tue: ...
Wann tue ich das?: ...
Wo gilt das?: ...
Nach Beendigung des Gesprächs legen die Schüler ihre Arbeitsblätter der Lehrkraft vor und diese wertet sie aus. Die Blätter verbleiben bei den Schülern.

Auswertung:

Die beiden Konfliktparteien werden zunächst gefragt, ob sie sich wieder vertragen. Dann werden die unter Punkt 4. festgehaltenen Lösungen von Schüler A und B daraufhin geprüft, ob sie realisierbar und ausgewogen sind.

Achtung!

Um Sicherheit bezüglich der Einschätzung zu gewinnen, ob die Konfliktparteien in diesen Gesprächen prinzipiell tatsächlich vernünftige Arbeit leisten, kann die Lehrkraft nach Einführung dieses Rituals das eine oder andere Gespräch als stiller Teilhaber beobachten.

84 Der soziale Trainingsraum

Eigenverantwortlichkeit

Durch die hier vorgestellte Methode mit der Bezeichnung „Sozialer Trainingsraum"

- sollen das eigenverantwortliche Denken und Handeln der Schüler gefördert werden,
- sollen lernbereite Schüler ungestört lernen können,
- sollen die Schüler lernen, sich an vereinbarte Regeln zu halten,
- soll störenden Schülern die Einsicht vermittelt werden, dass sie durch ihr Verhalten selbst entscheiden, ob sie am Unterricht teilnehmen dürfen,
- soll Schülern und Lehrern bewusst werden, dass ein angenehmes und offenes Schulklima letztlich nur auf der Basis des gegenseitigen Respekts aller Beteiligten zu erreichen ist.

Grundregeln für den Unterricht

Im Rahmen der Methode gelten für den Unterricht diese vier Grundregeln:

- Jeder Schüler hat das Recht, ungestört zu lernen.
- Jeder Lehrer hat das Recht, ungestört zu unterrichten.
- Jeder ist für sein Handeln selbst verantwortlich.
- Jeder muss die Rechte des anderen achten.

Gleich mal ausprobieren

1. Bei einer Störung macht der Lehrer den Schüler auf die Grundregeln aufmerksam, ermahnt ihn und weist ihn auf sein eigenverantwortliches Handeln hin.

2. Stört der Schüler wiederholt, muss er den Unterricht verlassen. Er erhält vom Lehrer einen Laufzettel und geht damit in den sozialen Trainingsraum (eventuell in Begleitung).
3. Weigert sich ein Schüler, den Unterrichtsraum zu verlassen, um in den sozialen Trainingsraum zu gehen, bittet der betreffende Lehrer beim Kollegen im Klassenzimmer nebenan um Hilfe und informiert den Rektor, der weitere Maßnahmen einleitet.
4. Im sozialen Trainingsraum füllt der Schüler seinen „Rückkehr-Plan" aus. Dieser Plan soll verdeutlichen, wie der Schüler die Situation anders gestalten kann. Der Aufsicht führende Lehrer kann ihn beim Ausfüllen unterstützen und durch ein Gespräch Hilfe anbieten.
5. Der Schüler bleibt bis zum Ende der Stunde/Doppelstunde im sozialen Trainingsraum und erhält nach Fertigstellung des Plans weitere Aufgaben.
Am Ende der Stunde entschuldigt sich der Schüler beim Lehrer und gibt ihm den Plan ab. Falls dieser ihn nicht akzeptiert, muss der Schüler zu Beginn der nächsten Fachstunde erneut in den Trainingsraum. Akzeptiert der betreffende Lehrer den Plan jedoch, kann der Schüler wieder an seinem Unterricht teilnehmen.

Achtung!

Damit die Methode erfolgreich praktiziert werden kann, müssen folgende Grundsätze unbedingt eingehalten werden:

- Alle Lehrer beteiligen sich an der Umsetzung der Methode.
- Bei der Einführung der Methode müssen Grundregeln und Zielsetzung gegenüber Schülern, Lehrern und Eltern besonders hervorgehoben werden.
- Störende Schüler werden respektvoll ermahnt.
- Störungen von Schülern werden vom Lehrer ernst genommen.
- Alle Lehrer sorgen für die konsequente Einhaltung der Regeln.

85 Handgreiflichkeiten beenden

Was kann und soll ein Lehrer unternehmen, wenn er auf dem Schulhof oder an anderer Stelle einen handgreiflichen Streit zwischen Schülern beobachtet?

SOS-Tipp

- Nicht wegsehen. Wenn Schüler provozieren wollen, trägt Wegsehen zur Eskalation bei. Also hinschauen und kurz und sachlich eingreifen.
- Nicht dramatisieren. Sachlich Kritik üben und Grenzen aufzeigen, indem man an verabredete Regeln erinnert. Auch Gefühle wertneutral beschreiben.
- Die Kontrahenten sofort trennen. Weitere Attacken verhindern, bis die Lage mit beiden Seiten in gemäßigter Stimmung besprochen werden kann. Gegebenenfalls das Opfer schützend zur Seite nehmen und vom Täter trennen.
- Die „Bühne" der Klasse, des Schulhofes oder anderer Zuschauersituationen räumen: „Hier gibt es nichts mehr zu sehen, geht alle weiter" oder „Wir drei gehen jetzt zusammen an einen ruhigen Ort".
- Maßnahmen sofort umsetzen: z.B. den Aggressor unmittelbar zum Vertrauenslehrer oder zur Sozialstation schicken und dort erzählen lassen, was passiert ist. Eine Möglichkeit besteht auch darin, ihn in eine eigens dafür im Klassenzimmer eingerichtete „Auszeitecke" zu schicken (Tipp 42).

› Tipp 42

Bei verbaler Gewalt ist der Konflikt erst beendet, wenn beide Seiten zu einem emotionalen Ausgleich gekommen sind und der Täter die vorab festgelegten Sanktionen akzeptiert.

- Keine Verschiebung oder Bagatellisierung des Konflikts zulassen. Äußerungen der in Konflikt geratenen Schüler wie „War doch nicht so gemeint" oder „Was mischen Sie sich da ein, das ist eine Sache unter uns" werden nicht akzeptiert.

Die Drei-Schritt-Problemansprache

86

Führt der Lehrer nach massiven Unterrichtsstörungen ein Gespräch mit dem Schüler (Tipp 39, 89), oder bittet die Eltern um Unterstützung (Tipp 72), kann er die Methode der Drei-Schritt-Problemansprache nutzen.

› Tipp 39, 89, 72

Gleich mal ausprobieren

1. Schritt: Die eigene Wahrnehmung beschreiben/Das Verhalten der anderen Person beschreiben:
Ich nehme wahr ...
Ich habe beobachtet ...
Mir ist aufgefallen ...
2. Schritt: Die Bedeutung bzw. Reaktion erläutern
Das betrifft einerseits die inhaltlich-sachlichen Folgen:
Das kann zur Folge haben ...
Ich befürchte ...
Ich mache mir Sorgen, dass ...
Andererseits betrifft es die eigene persönliche Reaktion:
Ich bin (ärgerlich, enttäuscht, irritiert, unzufrieden ...)
Mir geht es damit ...
3. Schritt: Das eigene Anliegen formulieren
Dies kann ein Veränderungswunsch sein (eine Bitte, Erwartung, Forderung oder Anweisung), eine Informationsfrage, aber auch die Mitteilung einer getroffenen Entscheidung:
Ich wünsche mir von Ihnen ...
Ich erwarte, dass Sie ...
Meine Frage an Sie ist ...
Meine Entscheidung lautet ...

Klärungsgespräche führen

87

Aus unserer Alltagserfahrung wissen wir, dass häufig bereits das Ansprechen eines Problems oder eines Konfliktes genügt, um den Fall aus der Welt zu schaffen. Dann hat das Bewusstwerden – verknüpft mit einer Klärung der Sichtweisen – ausgereicht, eine Veränderung herbeizuführen.

Ökonomie der Mittel

Und die Ökonomie der Mittel ist ein gewichtiger Faktor: Aus dem Katalog der Verhaltensweisen sollte zunächst die ausgewählt und erprobt werden, die einen großen Nutzen bei geringem Aufwand verspricht.

Achtung!

› Tipp 39

Wenn Sie mit einem Schüler über Probleme sprechen, sollte dies außerhalb des Unterrichts geschehen (Tipp 39). Die versammelte Klasse stellt ein Publikum dar, vor dem der betroffene Schüler Angst haben muss, sein Gesicht zu verlieren. Er wird deshalb in der Regel nicht bereit sein, offen über die Situation und sein Benehmen zu sprechen und sich einsichtig zu verhalten.

Zunächst geht es im Klärungsgespräch darum, dass der Lehrer dem Schüler seine Sicht der Dinge vorstellt. Des Weiteren sollte die Lehrkraft ihre Erwartungen mitteilen. Diese sollten knapp und deutlich formuliert werden. Danach erhält der Schüler die Möglichkeit, das Problem aus seiner Sicht zu beschreiben und gegebenenfalls auch Wünsche an die Lehrkraft zu richten, bzw. seine diesbezüglichen Erwartungen zu formulieren.

Lehrer und Schüler erörtern nun gemeinsam Lösungsmöglichkeiten, Strategien sowie Ressourcen und legen sich auf ein bestimmtes Vorgehen fest. Abschließend geht es um die Konsequenzen, die eintreten sollen, wenn das Problem nicht gelöst werden kann. Ein neuer Termin wird vereinbart (etwa vier Wochen später), um den Erfolg kontrollieren zu können.

Sechs-Schritte-Prozess

Als Leitfaden für ein solches Klärungsgespräch kann der sogenannte Sechs-Schritte-Prozess der Problemlösung nach Thomas Gorden angewendet werden. Diese Schrittfolge hat sich in vielen Bereichen als sehr erfolgreich erwiesen und dient quasi als Schlüssel zum Lösen von Problemen.

Die einzelnen Schritte sind:

1. eine genaue Beschreibung der Situation/des Problems,
2. das Sammeln spontaner Ideen und Vorschläge zur Lösung des Problems,
3. ein Abwägen der gefundenen Lösungen,
4. die Entscheidung für die beste Lösung,
5. die Umsetzung der Lösung,
6. die Überprüfung der praktizierten Lösung.

Einmal anders fragen

88

Eine lösungsorientierte Gesprächsführung macht Schülern ihren Anteil an der Lösung deutlich und bezieht ihre Problemlösekompetenz ein. Der folgende Fragenkatalog kann Ihnen in solch einem Gespräch eine Hilfe sein.

Gleich mal ausprobieren

- Was müsste sich an der Situation verändern, damit du dein Problem lösen kannst?
- Wie müsste eine gute Unterstützung aus deinem Umfeld aussehen, damit du das Problem lösen kannst?
- Wenn du eine gute Fee treffen würdest, die dir drei Wünsche erfüllen könnte, welche Wünsche wären das dann in Bezug auf dein Problem?
- Und wenn du dein Problem gelöst hast – woran könnte das die Person X in deiner Umgebung merken?
- Was wolltest du mit deinem Verhalten erreichen?
- Wenn du eine Rangfolge aufmachen solltest von ..., was wäre da an erster Stelle?
- Wann ist das Problem für dich größer, wann kleiner?
- Nehmen wir einmal an, dass dein Problem auch irgendetwas Positives hat, was könnte das sein?
- Wer hat am meisten Interesse daran, dass das Problem nicht gelöst wird?
- Auf einer Skala von 1 bis 10: Wie drängend, dramatisch, beeinträchtigend usw. ist dein Problem?
- Was wäre anders, wenn es das Problem nicht gäbe?

89 Kritikgespräche führen

Kritik wird geäußert, wenn ein Schüler bestimmte Leistungen nicht erbringt, mit seinem Verhalten gegen Normen oder Werte verstößt und bestimmte Vereinbarungen nicht einhält. Durch das Kritikgespräch soll erreicht werden, dass der betreffende Schüler sein Verhalten oder seine Einstellungen verändert.

Das Gespräch muss jedoch gut geführt werden, um fördernd zu wirken und nicht das Gegenteil, nämlich Widerstand, Verhärtung und Konflikte zu provozieren.

Konfrontation führt zum inneren Konflikt

Eine Konfrontation wie im Kritikgespräch ist für Kinder und Jugendliche, die in ihrem Leben schon häufig Abwertung und Selbstentwertung erfahren haben, sehr irritierend. Ihr psychisches System gerät in einer solchen Situation in einen Konflikt. Die Folgen sind Rechtfertigungen, Leugnung, Schuldgefühle, Besserungsversprechen und letztlich auch Gegenangriffe zum Schutz vor äußeren und inneren Konflikten sowie zur Aufrechterhaltung des eigenen Selbstwertgefühls.

Regeln für die Gesprächsführung

Ein Kritikgespräch zu führen, ist für eine Lehrkraft daher nicht einfach. Letztlich muss man in dieser Gesprächssituation stets zwischen Ermahnungen auf der einen und Sanktionen auf der anderen Seite abwägen. Bestimmte Rahmenbedingungen, die Beachtung einiger Regeln sowie die Verwendung geeigneter Formulierungen helfen jedoch, dass das Gespräch erfolgreich verläuft.

Gleich mal ausprobieren

1. Gesprächs-Setting:

- ungestörter Gesprächsort (keine Ohrenzeugen, keine Störungen)
- keine Zeugen hinzurufen (Ausnahme: dem Kritisierten kann angeboten werden, eine Person seines Vertrauens mitzubringen)
- partnerschaftliche Sitzordnung (beispielsweise übereck an einem Tisch, die Position ex cathedra vom Schreibtisch aus als Lehrkraft unbedingt vermeiden)

2. Aspekte der Gesprächseröffnung:

- mögliche Gesprächssorgen thematisieren und Lösungszuversicht ausdrücken
(„Ich möchte mit dir folgende Situation besprechen ... Das wird für uns beide sicher nicht leicht ... Ich bin aber zuversichtlich, dass wir es schaffen werden.")
- den Schüler problemzugewandt, aber mit entwaffnender Offenheit und Direktheit ansprechen
(also nicht herumdrucksen oder ihn fragend-entwickelnd bzw. entdecken lassend hinführen, wie z. B. „Es gibt in letzter Zeit Klagen über dich, vielleicht kannst du dir denken, worum es geht" Oder: „Du kannst dir vorstellen, warum ich dich zu mir gebeten habe ...")
- Vorwurf-Rechtfertigungs-Schemata vermeiden
(also nicht: „Warum hast du das denn gemacht? Was hast du dir nur gedacht, als du ...")
- knapp und klar sprechen
Das zu kritisierende Verhalten und das erwünschte Verhalten kurz und knapp formulieren. Diese Formulierungen schon vorab überlegen.

3. Aspekte der Gesprächsführung:

- Empathie: versuchen, sich in den Schüler hineinzuversetzen und die Problem- aber auch die Gesprächssituation mit seinen Augen wahrzunehmen
- Zuhören: aktiv und diagnostisch (mitdenkend, analysierend) zuhören
- Abwehrstrategien der kritisierten Person neutralisieren, d. h. freundlich und bestimmt zurückweisen, z. B.:
Gegenkritik
(„Sie selbst vergessen aber auch so manches; letztens zum Beispiel ..." – „Deine Kritik an mir ist möglicherweise berechtigt; ich möchte dich aber bitten, zunächst bei dem angesprochenen Problem zu bleiben; ich bin gerne bereit, ein anderes Mal mit dir darüber zu sprechen.")
„Blitzableiter"
(„Der X ist aber noch viel schlimmer!" – „Über X sprechen wir an dieser Stelle nicht; ich möchte dich darum bitten, dass wir zunächst einmal über dein Verhalten sprechen.")

- Dissens im Tatbestand ertragen: Die eigene Wahrnehmung oder Interpretation des Problemverhaltens muss nicht mit der des Schülers übereinstimmen, man kann auch ohne Konsens eine Änderung verlangen oder erbitten.
- Änderungsverlangen explizit formulieren: deutlich formulieren, welches (alternative) Verhalten vom Schüler erwartet wird. Also nicht offenlassen, was geschehen soll, oder den Schüler seine eigenen Schlüsse ziehen lassen.
- Keine Zeugen oder abwesenden Beschwerdeführer bemühen, wenn das kritisierte Verhalten (z. B. aus eigener Anschauung) bekannt ist.
- Affekte akzeptieren: Der kritisierte Schüler hat das Recht, sich aufzuregen. Seine Affekte sind als Selbstausdruck und nicht als Appell zu deuten, von Kritik oder Änderungsverlangen abzulassen. Kritik und Änderungsverlangen werden nicht dadurch gegenstandslos, dass der Kritisierte erregt ist – im Gegenteil, seine Emotionen sind vielmehr ein Zeichen dafür, dass man ihn offensichtlich erreicht hat.
- Gesprächskrisen vorsichtig und ohne Schuldzuweisung thematisieren und eventuell einen „Neustart" des Gesprächs vorschlagen, z. B.: „Ich habe den Eindruck, dass wir uns etwas verrannt haben; vielleicht sollten wir uns morgen hier noch einmal treffen."
- Insgesamt gilt im Sinne einer konstruktiven zukünftigen Zusammenarbeit: möglichst keinen Verlierer erzeugen!

4. Gesprächsende:

- Absprachen treffen: Zeiträume und ein Auswertungsgespräch vereinbaren
- Unterstützung anbieten (ernst gemeint; nicht rhetorisch oder als Köder)
- Konfliktbeziehungen (mit Dritten) schließen: zur Kontaktaufnahme mit anderen Konfliktpartnern ermuntern; Schlichtung anbieten
- Evaluation des Gesprächsverlaufs: Gesprächsverlauf und Affekte (Ärger und Unzufriedenheit) thematisieren, z. B.: „Dieses Gespräch war jetzt für uns beide gar nicht so einfach. Ich hoffe und wünsche mir aber, dass wir in Zukunft wieder gut zusammenarbeiten."

ENTWICKLUNGSGESPRÄCHE FÜHREN

90

In unserem Schulsystem erfolgt im Verlauf der Schulzeit nur sehr selten eine Schullaufbahnberatung. In Amerika ist dies jedoch anders. Dort wird unter dem Begriff „career development“ (oder: „career education“) ein Prozess verstanden, der sich über die gesamte Schulzeit erstreckt. In regelmäßigen Abständen wird die Schullaufbahn eines Schülers unter verschiedenen Fragestellungen thematisiert. Es geht hierbei darum,

- das Nachdenken über die eigene Arbeit zu fördern,
- sich über Stärken und Schwächen zu informieren,
- Möglichkeiten der Hilfe und Unterstützung zu eruieren,

Weichen neu stellen

Weichen immer wieder neu zu stellen.

So wird erreicht, dass der Weg zum Erfolg ein permanentes Thema bleibt und Entscheidungen nicht unvermittelt getroffen werden müssen; dies entlastet die Schüler, deren Eltern und die Lehrkräfte gleichermaßen. In gewisser Weise sind diese Gespräche vergleichbar mit den kontinuierlichen Unterredungen, die Schulleiter in der Regel mit ihren Lehrkräften führen.

Merkmale eines Entwicklungsgesprächs

Mindestens ebenso wichtig ist ein solcher Austausch jedoch auch zwischen Lehrern und Schülern. Planungs- und Entwicklungsgespräche zwischen Lehrkräften und Schülern

- sind grundsätzlich geprägt von Gegenseitigkeit: Alle Beteiligten tragen zum Gespräch bei, lernen davon und ziehen Konsequenzen daraus;
- werden regelmäßig (halbjährlich bzw. vierteljährlich) durchgeführt und dauern etwa eine halbe Stunde;
- erfolgen nach vereinbarten Regeln bzw. in bestimmten Phasen oder Schritten;
- werden von allen beteiligten Gesprächspartnern detailliert vorbereitet;
- bieten den Gesprächspartnern Gelegenheit, über Erfahrungen, Wünsche und Ziele zu sprechen und zu erläutern, wie sie den Unterricht, die Arbeit des Lehrers bzw. des Schülers sowie die Klasse und die Schule erleben und einschätzen;

- sind problemlösend und konstruktiv ausgerichtet, um die Entwicklung des Schülers bzw. der Lehrkraft und der Schule zu fördern;
- helfen bei der Planung, Begleitung und Reflexion weiterer Arbeits- und Entwicklungsschritte.

Vorbereitung des Gesprächs

Wesentlich für das Gelingen von Planungs- und Entwicklungsgesprächen ist deren Vorbereitung, denn es geht ja nicht um eine spontane Unterhaltung oder einen bloßen Meinungsaustausch, sondern um ein professionelles Gespräch mit klarer Zielsetzung und mit Konsequenzen für alle Gesprächspartner. Deshalb bereiten sich Schüler wie Lehrkräfte sorgfältig vor, oft mithilfe von Vorbereitungsbögen, zu denen sie schriftliche Aufzeichnungen machen.
Den Schülern kann z.B. ein Vorbereitungsbogen zum Ankreuzen und Ausfüllen an die Hand gegeben werden.

Gleich mal ausprobieren

1. Mit meinem Lehrer möchte ich besprechen,
   - ☐ wie ich mich in der Schule fühle, was ich gut/schlecht finde,
   - ☐ was ich von der Schule und von mir erwarte,
   - ☐ wo ich im Unterricht oder in der Schule Hilfe brauche,
   - ☐ wie ich mit meinen Mitschülern auskomme,
   - ☐ wie ich mit den Lehrern auskomme,
   - ☐ wie ich selbst Verantwortung für meine Arbeit übernehme,
   - ☐ wie ich besser lernen kann,
   - ☐ wie ich meine Arbeit in der Schule organisiere,
   - ☐ wie ich meine Hausaufgaben mache,
   - ☐ wie meine Leistungen im Fach ... aussehen,
   - ☐ wo ich leistungsmäßig stehe,
   - ☐ woran ich im nächsten Halbjahr intensiver arbeiten will,
   - ☐ worauf ich mich im nächsten Schuljahr freue.
2. Das möchte ich meinem Lehrer unbedingt sagen: ...
3. Das will ich von meinem Lehrer wissen: ...
4. Meine Vorschläge für das nächste Halbjahr: ...
5. Das möchte ich mit meinem Lehrer vereinbaren: ...

Manche Lehrkräfte teilen Schülern und Eltern einige Tage vorher mit, worüber sie sprechen wollen. Zur Vorbereitung der Lehrkräfte gehört auch, dass sie sich über den Entwicklungs- und Leistungsstand des Schülers und der Klasse ein klares Bild machen, damit sie in der Lage sind, dem Schüler auch klare Rückmeldungen über dessen Leistungen und Fähigkeiten zu geben. Oft bitten Lehrer vor Planungs- und Entwicklungsgesprächen die Klasse auch um eine gesammelte Rückmeldung zu bestimmten Themen, z. B. Arbeitsklima oder Unterrichtsmethoden. Dies vermittelt einen Gesamteindruck und ermöglicht den Schülern und dem Lehrer, ihre individuellen Eindrücke und Sichtweisen mit der Gesamtsicht zu vergleichen.

Phasen eines Entwicklungsgesprächs

Meistens weisen Planungs- und Entwicklungsgespräche drei deutlich voneinander unterscheidbare Phasen auf:

- Sie beginnen mit einem Rückblick auf das letzte Halbjahr. Zuerst berichtet normalerweise der Schüler über seine Erfahrungen, Arbeitsergebnisse und Erwartungen und äußert sich über die Arbeit des Lehrers, der Klasse und der Schule. Dann legt der Lehrer zu diesen Aspekten seine Sichtweise dar.
- In der zweiten Phase werden die zentralen Aspekte des Gesprächs herausgearbeitet. Lehrer und Schüler bemühen sich hier um die gemeinsame Analyse und Klärung, wie die Arbeit und die Leistungen gesehen werden. Der Fokus wird darauf gerichtet, welche der Erfahrungen, Wünsche und gegebenenfalls auch Probleme für die weitere Arbeit von zentraler Bedeutung sind:
  - Was von dem, was gesagt wurde, ist für die nächste Zeit besonders wichtig?
  - Woran müssen wir (gemeinsam) arbeiten?
  - Wo liegen besondere Probleme?
- Schließlich gilt der letzte Teil des Gesprächs der Problemlösung: Was kann bzw. soll im nächsten Arbeitsabschnitt vom Lehrer und vom Schüler geleistet werden, wo liegen besondere Möglichkeiten und Aufgaben? Den Abschluss des Gesprächs bilden oft Vereinbarungen oder Abspra-

chen für die Arbeit des nächsten halben Jahres. Diese Vereinbarungen gelten für Lehrer wie Schüler gleichermaßen. Beim nächsten Planungs- und Entwicklungsgespräch in einem halben Jahr prüfen Lehrer wie Schüler, ob die Vereinbarungen eingehalten werden konnten. Dabei werden auch Aspekte früherer Gespräche wieder aufgegriffen. So wird in Planungs- und Entwicklungsgesprächen die Entwicklung über einen längeren Zeitraum hin verfolgt und immer wieder sichtbar. Durch gemeinsame Planung und Problemlösung kann sich ein Vertrauensverhältnis zwischen Lehrer und Schüler entwickeln, vor allem, weil der Schüler erfährt, dass der Lehrer sich wirklich um ihn kümmert.

Vertrauensverhältnis

Mit Rückläufern richtig umgehen

91

Im Verlaufe eines Schuljahres kann es vorkommen, dass ein Schüler als Rückläufer aus einer anderen Schulform in die Klasse kommt. Da solche Schüler viele Misserfolge hinter sich haben, macht es ihnen oft große Schwierigkeiten, sich rasch in die neue Klasse zu integrieren. Vielmehr versuchen sie häufig, durch ausgeprägtes Störverhalten Aufmerksamkeit zu erzielen.

Störverhalten als Ausdruck fehlender Integration

Geht die Klassenlehrkraft bei einem ersten Gespräch mit dem neuen Schüler und seinen Eltern nach folgendem Leitfaden vor, wird sich der Schüler angenommen und willkommen fühlen. Dem oben geschilderten störenden Verhalten kann damit vorgebeugt werden.

Leitfaden für ein erstes Gespräch

- Vorstellung der Schule
  Kurze Vorstellung des Klassenlehrers als Person (z. B. Fächer, wie lange er schon in der Klasse unterrichtet und seit wann er an der Schule ist, besondere Schwerpunkte) sowie der Klasse, in die der Schüler kommt (z. B. Anzahl der Schüler, Klassenfoto, Besonderheiten der Klasse als Gruppe, Projekte, Klassenfahrten, geplante Aktionen im kommenden Schuljahr, Sitzordnung).

- Vorstellung des Schülers
  Einladung an den Schüler und seine Eltern, kurz etwas zu sich zu sagen (z. B. Alter, Schule, auf der er vorher gewesen ist, Hobbys. Bei den Eltern: Beruf, Alter, Familienstand).
- Informationen zum Neuanfang
  Der Lehrer erklärt kurz, was in den ersten Tagen in der neuen Klasse passieren wird (Stundenplan, Kennenlernphasen) und wann der Neue in die Klasse eingeführt wird. Frage an die Familie, ob hier besondere Wünsche bestehen.
- Gemeinsame Absprachen
  Zum Thema „Schulische Leistungen": Wo hat es an der anderen Schule gehakt und wo kann der Lehrer helfen? Eventuell macht der Lehrer einen Vorschlag, wie die Familie den Schüler von Anfang an unterstützen kann.
  Absprachen, wann es ein weiteres Gespräch geben wird, bei dem der Lehrer erste Rückmeldungen über das Arbeitsverhalten geben kann und der Schüler nach seiner Situation in der Klasse gefragt wird.
- Besichtigung der Schule
  Um den Schüler schon auf seine neue Umgebung vorzubereiten und um das Gespräch abzurunden, wird am Ende ein Rundgang durch die Schule gemacht, bei dem die Klassenlehrkraft die wichtigsten Räume und Treffpunkte der Schule zeigt.

Veränderungsprogramm

92

Selbstkontrollfähigkeiten verbessern

Manche störenden Verhaltensweisen einzelner Schüler sind so hartnäckig, dass eine gezielte und langfristige Strategie angewendet werden muss, um eine Verhaltensänderung herbeizuführen. Durch ein Veränderungsprogramm können die Selbstkontrollfähigkeiten des Schülers verbessert werden. Das Vorgehen ist konkret und überschaubar sowie nachweislich effektiv.

Zunächst einige Bemerkungen, bevor die genaue Vorgehensweise geschildert wird. Viele unangemessene Verhaltensweisen von Schülern sind als Gewohnheiten ausgebildet, d. h., es handelt sich um weitgehend automatisch ablaufende Handlungen mit geringem Grad an Bewusstheit. Die bewusste Wahrnehmung von Gewohnheiten ist somit eine Voraussetzung dafür, dass Verhaltensänderungen möglich werden. Eine solche Wahrnehmung erfolgt über Selbstbeobachtung (Tipp 93), die bereits einen therapeutischen Effekt hat. So führt manchmal allein die Aufforderung, auf bestimmte Verhaltensweisen zu achten, bei Schülern dazu, dass diese nicht mehr oder in geringerem Maße auftreten.

› Tipp 93

Selbstbeobachtung als Voraussetzung für Selbstbewertung

Selbstbeobachtung ist außerdem die Voraussetzung für eine Selbstbewertung. (Wenn der Schüler sein Verhalten im Verlauf einer Stunde beobachtet, kann er z. B. zu der Bewertung kommen: „Ich beteilige mich wenig am Unterricht.") Das unangemessene Verhalten wird in kleinen Schritten abgebaut, die der Schüler zurücklegt. Das angemessene Verhalten wird verstärkt. Für die Erprobung von etwas Neuem (anderem) ist oft eine in Aussicht gestellte Belohnung als Anreiz hilfreich, damit dieses Ziel über einen längeren Zeitraum systematisch verfolgt wird.

Achtung!

Ziele sollten realistisch formuliert sein, d. h. eng umschrieben. Bei einem Schüler, der z. B. immer wieder stört, geht es darum, zunächst jene Verhaltensweise zu reduzieren, die die meisten Folgeprobleme nach sich zieht. Das Ziel formuliert die Lehrkraft.

Ablauf des Programms

Zum Ablauf des Veränderungsprogramms: In einem gemeinsamen Gespräch wird dem Schüler und seinen Eltern das Unterstützungsprogramm erläutert. Die Schrittfolge lautet:

- Vereinbarte Selbstbeobachtung einer bestimmten Verhaltensweise (eine Woche). Feststellung der Häufigkeit während einer Schulwoche (Liste führen).

- Besprechung der Liste, Festlegung des Ziels (Auftretenshäufigkeit) und Vereinbarung einer Belohnung, wenn das Ziel erreicht ist. Gibt es für den Schüler keine geeignete Belohnung in der Schule, muss vorher eine Belohnung durch die Eltern verabredet werden.

Achtung!

Nach der ersten Woche ist es wichtig, dass sich das gesteckte Ziel nur in geringem Maße von der Ausgangshäufigkeit unterscheidet. Damit ist gewährleistet, dass der Schüler das Ziel erreicht und die verabredete Belohnung erhält. Dies wiederum sichert die Motivation, „weiter am Ball zu bleiben".

Die Belohnung muss vom Schüler außerdem auch als Belohnung angesehen werden. Es können soziale Aktivitäten gewählt werden (etwas gemeinsam unternehmen), aber auch materielle Belohnungen kommen (vorübergehend) infrage.

- Selbstbeobachtung der vereinbarten Verhaltensweise im Verlauf der nächsten Woche, Reflexion, ob das Ziel erreicht wurde, und Festlegung der Ziele für die kommende Woche usw.

Ziel: Nach etwa sechs Wochen soll sich die Verhaltensweise in einem für den Unterricht akzeptablen Maß (nicht bei Null) bewegen.

Nach etwa zwei Monaten sollte nochmals eine einwöchige Selbstbeobachtung durchgeführt werden, um die Aufmerksamkeit erneut auf das betreffende Verhalten zu legen.

Zum Abschluss des Programms wird in einem Gespräch Bilanz gezogen und gegebenenfalls überlegt, ob noch weitere Maßnahmen notwendig sind.

Beispielfall:

Der Schüler stört durch häufiges Dazwischenreden im Unterricht. In der ersten Woche notiert er drei Situationen:

❍ = Ich habe mich gemeldet und bin aufgerufen worden.
● = Ich habe mich gemeldet und bin nicht aufgerufen worden.
▮ = Ich habe geredet, ohne dass ich aufgerufen wurde.

Diese drei Symbole trägt der Schüler in seinen Stundenplan eine Woche lang ein.

Stunde	Montag	Diens-tag	Mitt-woch	Don-nerstag	Freitag
1.	❍ ● ▮	▮ ▮	● ●	●	❍
2.	❍ ▮	●	● ❍	▮ ▮	● ▮
3.	▮ ▮	❍	●	●	▮ ▮
4.	●	▮ ▮	▮ ▮	❍	●
5.	● ❍	●	❍	● ●	▮ ▮
6.	●	▮ ▮	❍	▮ ▮	❍

Am Ende der ersten Woche wird für die nächste Woche ein Ziel definiert, z. B. Abbau der Striche bzw. Erhöhung der Kreise bis zu einer bestimmten Anzahl. Außerdem wird mit dem Schüler eine Belohnung vereinbart, die er erhält, wenn das Ziel erreicht wird.

Selbstbeobachtung üben

93

› Tipp 92

Viele Verhaltensweisen laufen automatisiert ab. Eine Verhaltensänderung ist erst dann möglich, wenn man sein problematisches Verhalten wieder bewusst wahrnimmt. Nur so ist man in der Lage, es durch angemessenes Verhalten zu ersetzen. An einer solchen Verhaltensänderung kann mit dem einzelnen Schüler (Tipp 92) oder – wie hier beschrieben – mit der gesamten Klasse gearbeitet werden. Das angemessene Verhalten muss dafür konkret formuliert und schriftlich fixiert werden. Gemeinsam mit den Schülern sollten daher Regeln entwickelt und vertraglich vereinbart werden, die als Maßstab gelten. Durch Selbstbeobachtung wird die Einhaltung des angemessenen Verhaltens kontrolliert. Die vereinbarten Regeln sind dafür ein wichtiges Instrument.

Gleich mal ausprobieren

Vereinbaren Sie mit Ihren Schülern z. B. vertraglich folgende Regeln:

Schülerregel 1: Wenn einem Mitschüler ein Fehler unterläuft, mache ich keine abfälligen Bemerkungen.

Schülerregel 2: Wenn ich einen Fehler gemacht habe und Mitschüler eine abfällige Bemerkung äußern, sage ich: „Das stört mich!"

Lehrerregel 1: Wenn ein Schüler einen Fehler macht, frage ich die Klasse, wer helfen kann.

Lehrerregel 2: Wenn ein Schüler ausgelacht wird, frage ich ihn, wie ihm zumute ist.

Alle Regelverstöße werden in Selbstbeobachtungsbögen protokolliert. Die Gesamtzahl der Regelverstöße wird jeweils freitags für die vergangene Woche ermittelt und in ein großes Schaubild eingetragen, das in der Klasse aushängt. Für eine festgelegte Verringerung der wöchentlichen Gesamtzahl an Regelverstößen wird der Klasse eine Belohnung in Aussicht gestellt. Falls die Ergebnisprüfung zeigt, dass das Ziel zur Zufriedenheit aller Beteiligten erreicht worden ist, kann die Übung beendet werden.

Zielverhalten solide verankern

Damit das Zielverhalten bei allen Beteiligten solide verankert wird, sollten nach etwa drei Monaten erneut eine Woche lang diesbezügliche Verhaltensweisen systematisch beobachtet werden.

Bewertung des Projekts

Am Schluss bewerten die Beteiligten das Projekt als Ganzes. Die Schüler sollten noch einmal befragt werden, welche Probleme ungelöst geblieben sind, was sie weiterhin am Unterrichtsgeschehen stört, was sie am Projekt gut fanden und was man hätte besser machen können. Ein solches Gespräch ermöglicht der Lehrkraft Rückschlüsse darüber, was die Schüler gelernt haben, welche Fortschritte sie sehen, wie sie mit Schwierigkeiten und Fehlschlägen umgegangen sind und was ihnen leichtgefallen ist. Diese abschließende Beurteilung sollte zeigen, dass soziales Verhalten auch gelernt werden kann und nicht von vornherein gekonnt werden muss. Das Projekt steht den Schülern dann als Modell für eigene Lernprozesse und für das Prinzip der Selbststeuerung plastisch vor Augen und kann sie zu weiteren Vorhaben anregen. Die Schüler und den Lehrer wird dieser Rückblick auf das Projekt ermutigen, weitere Probleme kooperativ anzugehen.

Projekt als Modell für weitere Lernprozesse

Bedrohungssituationen spielen

94

Eine Schülerbefragung zeigt, dass Kinder und Jugendliche auf körperliche Angriffe oft mit körperlicher Gegengewalt reagieren. Dies führt in der Regel aber nicht zur Konfliktlösung, sondern zur Konflikteskalation (Hilfen zur Beendigung eines solchen handgreiflichen Streits finden Sie in Tipp 85). Viele Schüler sagen jedoch, dass sie überhaupt nicht wissen, wie sie sich in solch einer Situation konstruktiv oder zumindest nicht weiter eskalierend verhalten können. Anhand der folgenden Übung lernen die Schüler hilfreiche Schritte zur Deeskalation in Gewalt- und Bedrohungssituationen kennen. Sie erfahren, welche Verhaltensweisen sie sich aneignen sollten und welche eigenen Verhaltensweisen in Bedrohungssituationen gänzlich unbrauchbar sind.

› Tipp 85

Schritte zur Deeskalation kennenlernen

Gleich mal ausprobieren

1. Schritt: Die Lehrkraft bespricht mit der Klasse die Verhaltensempfehlungen auf dem Arbeitsblatt „Tipps für Bedrohungssituationen“ (siehe Auflistung rechts). Die Schüler erzählen aus ihrem Erleben konkrete Gewalt- oder Bedrohungssituationen. Diese Fälle werden vorne an der Tafel gesammelt.

2. Schritt: Einer dieser Fälle wird in einem Rollenspiel nachgespielt, wobei die angegriffene Person nach Möglichkeit die Tipps für Bedrohungssituationen in ihr Spiel einbauen soll. Das Ziel des Rollenspieles soll keine weitere Eskalation, nach Möglichkeit sogar die Deeskalation des Streites sein. Damit sich der Protagonist an die Tipps erinnert, rufen die Zuschauer diese an den passenden Stellen in die Spielsituation leise hinein.

3. Schritt: Anhand folgender Fragen wird das Rollenspiel im Klassenplenum ausgewertet:

- Welche Tipps waren für die Rollenspielsituation brauchbar?
- Welche Tipps für Bedrohungssituationen sind für den Alltag sinnvoll?
- Welche eigenen Verhaltensweisen von Schülern verschärfen einen Konflikt möglicherweise noch weiter?

Arbeitsblatt mit Verhaltensempfehlungen für Schüler

Folgende Verhaltensempfehlungen sollten den Schülern in Form eines Arbeitsblattes mit dem Titel „Tipps für Bedrohungssituationen“ ausgehändigt werden:

- Bereite dich vor!
  Bereite dich auf mögliche Bedrohungssituationen gedanklich vor: Spiele Situationen für dich allein und im Gespräch mit anderen durch.
- Bleibe ruhig!
  Vermeide Hektik und Panik und mache möglichst keine hastigen Bewegungen, die reflexartige Reaktionen herausfordern könnten.
- Werde aktiv!
  Wichtig ist, sich von der Angst nicht lähmen zu lassen. Eine Kleinigkeit zu tun, ist besser, als über große Heldentaten nachzudenken.
- Gehe aus der dir zugewiesenen Opferrolle!
  Wenn du angegriffen wirst, flehe den Täter nicht an und verhalte dich nicht unterwürfig. Sei dir über deine Prioritäten im Klaren und zeige deutlich, was du willst. Ergreife die Initiative, um die Situation in deinem Sinne zu prägen.

- Halte den Kontakt zum Gegner bzw. Angreifer!
  Stelle Blickkontakt her und versuche, Kommunikation auszubauen bzw. aufrechtzuerhalten.
- Rede und höre zu!
  Teile dich mit, sprich ruhig, laut und deutlich. Höre zu, was dein Gegner bzw. Angreifer sagt.
- Nicht drohen oder beleidigen!
  Mache keine geringschätzigen Äußerungen über den Angreifer. Versuche nicht, ihn einzuschüchtern, ihm zu drohen oder Angst zu machen. Kritisiere sein Verhalten, aber werte ihn nicht persönlich ab.
- Hole dir Hilfe!
  Sprich nicht eine anonyme Masse an, sondern einzelne Personen. Dies gilt sowohl für Opfer als auch für Zuschauer, die eingreifen wollen.
- Tue das Unerwartete!
  Falle aus der Rolle, sei kreativ und nutze den Überraschungseffekt zu deinem Vorteil aus.
- Vermeide möglichst Körperkontakt!
  Wenn du jemandem zu Hilfe kommst, vermeide es möglichst, den Angreifer anzufassen, es sei denn, ihr seid in der Überzahl, sodass ihr jemanden beruhigend festhalten könnt. Körperkontakt ist in der Regel eine Grenzüberschreitung, die zu weiterer Aggression führen kann. Nimm, wenn möglich, besser direkten Kontakt zum Opfer auf.

Gute Rahmenbedingungen schaffen

95

Kontinuität im Schulalltag

Folgende Rahmenbedingungen auf Schulebene können Unterrichtsstörungen vorbeugen:

- Eine feste Sitzordnung, die ein schnelleres namentliches Kennenlernen der Schüler vonseiten des Lehrers ermöglicht, ist eine gute Voraussetzung dafür, dass die Schüler eine gewisse Kontinuität im Schulalltag erfahren und sich auch persönlich angesprochen und wahrgenommen fühlen. Verstehen sich die Schüler und ihre Mitschüler dagegen als anonyme Masse, sind Störungen häufiger, da die Störenfriede davon ausgehen, darin untertauchen zu können.

- Daneben sollte bereits bei der Erstellung des Stundenplans und der Pausenregelung an der Schule der menschliche Biorhythmus hinsichtlich der psychischen und physischen Leistungsfähigkeit Berücksichtigung finden. Unterricht mit hohem Verbalanteil und hohem Abstraktionsniveau (wie z. B. Fachrechnen) sollte nie am Ende eines Unterrichtstages liegen, da mit sinkender Leistungsbereitschaft der Lärmpegel und somit die Störanfälligkeit zunimmt.

Biorhythmus beachten

96 Richtiges Erziehungsverhalten

Die Fachwissenschaft hat alltägliches Erziehungsverhalten untersucht, gebündelt und sogenannte Säulen einer zeitgemäßen Erziehung vorgestellt. In einem Fünf-Säulen-Modell fasst Sigrid Tschöpe-Scheffler noch einmal „altes Wissen über Erziehung", die seit Langem bewährten Grundlagen eines entwicklungsfördernden Erziehungsverhaltens, zusammen. Diese Grundsätze sollten beim Umgang mit Jugendlichen – auch und besonders in der Schule – Anwendung finden.

Entwicklungsförderndes Erziehungsverhalten

- Emotionale Wärme
  Lächeln, zugewandte Haltung, Blickkontakt, Zuspruch und Trost: Der Erwachsene wendet sich dem Jugendlichen zu, hört ihn in einer wohlwollenden Atmosphäre an und nimmt ihn aufmerksam wahr. (Tipp 19).
- Achtung und Respekt
  Der Erwachsene erkennt an, dass der Jugendliche anders denkt und reagiert als er selbst, und akzeptiert Züge, die ihm fremd sind. Er vertraut auch darauf, dass ein Jugendlicher selbst in der Lage ist, Antworten auf schwierige Fragen zu finden.

› Tipp 19

- Kooperation
  In partnerschaftlichen Gesprächen entsteht wechselseitiges Verstehen; die unterschiedlichen Standpunkte werden erörtert; in die Entscheidung – den Kompromiss – fließen auch die Vorstellungen des Jugendlichen mit ein.
- Struktur und Verbindlichkeit
  Handlungssicherheit gewinnt der Jugendliche dadurch, dass er sich an beidseitig gültigen, abgesprochenen und als sinnvoll erkannten Regeln, d. h. Absprachen orientieren kann (Tipp 45, 51). Dazu gehört auch das Fixieren von Grenzen und die Klarstellung, welche Konsequenzen bei Regelverstößen zu erwarten sind (Tipp 50). Rituale des Alltags bringen ebenfalls Struktur in die Lebensführung (Tipp 43).
  › Tipp 45, 51
  › Tipp 50
  › Tipp 43
- Vielfältige Förderung
  Der Erwachsene ermöglicht dem Jugendlichen intellektuelle, sprachliche, motorische und sinnliche Erfahrungen. So erwirbt der junge Mensch Weltwissen, erkennt Lebenszusammenhänge und wird mit kulturellen Gegebenheiten vertraut gemacht. Dazu kommt die Gewährung von Eigenständigkeit: Den Jugendlichen wird ein Optimum an eigenen Entscheidungen zugestanden; das stärkt ihre Entscheidungsfähigkeit und Selbstverantwortlichkeit.

Kehrt man diese fünf Punkte inhaltlich um, treten die entwicklungshemmenden Faktoren der Erziehung hervor, die man aus dem Schulalltag unbedingt verbannen sollte: Kälte (oder Überhitzung) und Gleichgültigkeit, Missachtung, Dirigismus, Chaos bzw. Beliebigkeit, Mangel an sinnvoller Förderung.

Psychische Gewalt

Auch psychische Gewalt gehört in diese Kategorie: Langes Anschweigen und Verweigern des Blickkontaktes, was häufig als Erziehungsmaßnahme gewählt wird, ist gleichbedeutend mit dem Entzug von Nähe und Achtung. In einer von der Fachhochschule Köln durchgeführten Befragung gab knapp ein Drittel der Kinder an, die für sie schlimmste Strafe sei, von den Eltern nicht beachtet zu werden.

Die oben genannten Säulen der Erziehung sind lernbar. Es kommt allerdings auch darauf an, das erworbene pädagogische Wissen für das Handeln in konkreten Erziehungssituationen zu nutzen.

Um die Ecke gedacht

Die Vermutung über den Zusammenhang zwischen der Lernfähigkeit, dem Verhalten, der emotionalen Kompetenz der Heranwachsenden und der Zuwendung von Erziehern wird mehr und mehr durch die neurobiologische Gehirnforschung bestätigt. Weit mehr als ein Denkorgan ist das Gehirn ein Sozialorgan (Gerald Hürther). Gute Beziehungen erleichtern das Lernen und die Leistungen des Gehirns – nicht nur rational-kognitiver, sondern auch emotional-sozialer Art, was wiederum positiv auf alle Beteiligten zurückwirkt.

Auf seelische Nöte achten

97

Wie können Sie sich verhalten, wenn Sie sich Sorgen um die seelische Gesundheit eines Ihrer Schüler machen, der sich auffällig verhält und dem es offensichtlich anhaltend schlecht geht?

Gleich mal ausprobieren

Sprechen Sie den betreffenden Schüler vorsichtig an. Bereits Ihre diskret vermittelte offene Sorge („Ich mache mir Sorgen um dich. Du wirkst seit einiger Zeit sehr traurig/verzweifelt/ziehst dich sehr zurück/hast dich sehr verändert …") reicht als Gesprächsangebot.
Wählen Sie für eine solche Kontaktaufnahme einen möglichst diskreten Raum, damit Ihre Sorge gehört werden kann und vom angesprochenen Schüler nicht direkt abgelehnt werden muss, weil er sein Ansehen bei den Mitschülern gefährdet sieht.

Mögliche Reaktionen auf das Gesprächsangebot

Ihr Gesprächsangebot kann natürlich unterschiedliche Reaktionen zur Folge haben:
Eventuell entsteht ein Gespräch daraus und man kann sich gemeinsam auf die Suche nach passender Hilfe machen. Dabei kann die ganze Bandbreite angemessen sein, vom „Gut, es mal mit jemandem besprochen zu haben“ bis hin zum Notruf beim Arzt, weil man sich ernsthafte Sorgen macht, dass sich jemand etwas antun könnte (Tipp 98).

› Tipp 98

Achtung!

Machen Sie ein Hilfsangebot, müssen Sie sich als Helfer natürlich selbst auf möglichst sicherem Terrain befinden. Tauschen Sie sich also z. B. zuvor mit anderen involvierten Lehrern aus, um verschiedene Eindrücke und Informationen zu sammeln. Das Teilen von Sorgen entlastet Sie.

Aber auch wenn das Angebot nicht aktiv angenommen wird, ist geteiltes Leid meist besser erträglich.
Werden Hilfsangebote explizit und eventuell sogar offensiv abgelehnt, so kann man sich freuen („Gut, dass ich mich getäuscht habe“), wenn man davon überzeugt ist. Oder man kann seine Bedenken anmelden: „Ich habe verstanden, dass du keine Hilfe willst. Sorgen mache ich mir trotzdem.“

Seelisch entlasten

98

Die Auseinandersetzung mit der eigenen seelischen Befindlichkeit bzw. der von anderen ist ein aufwühlendes Thema – für Schüler ebenso wie für Lehrkräfte. Da kommt viel zur Sprache: Freude, Glück, Liebe. Aber auch Mobbing, Suizid, Verlust von nahestehenden Personen, Verletzungen usw. Das kann Schüler manchmal emotional stark treffen und auch belasten. Hier ein paar Tipps, wie Sie damit umgehen können. Bitte ergänzen Sie die Liste mit Ihren Erfahrungen. Unterstützende Schritte könnten sein:

Unterstützende Schritte

SOS-Tipp

- Vermeiden Sie es, den Schüler in den Mittelpunkt der Aufmerksamkeit zu rücken.
- Signalisieren Sie dem Schüler, dass sein Aufgewühlt-Sein akzeptiert wird, und fragen Sie in einem passenden Moment nach, ob er sich wieder „okay" fühlt.
- Bieten Sie dem Schüler an, den Klassenraum kurz zu verlassen, um etwas zu trinken oder sich ein Taschentuch zu holen oder tief Luft zu holen und erst dann wiederzukommen, wenn er sich etwas ruhiger fühlt und zurückkommen möchte.
- Bieten Sie an, dass ein Freund mitgehen kann, wenn sofortiges Trösten notwendig ist.
- Manche Schulen haben auch Ruhezonen, in die sich aufgewühlte Schüler zurückziehen können (Tipp 42).
- Geben Sie den anderen Schülern eine Aufgabe, während Sie mit dem aufgewühlten Schüler sprechen.
- Vermeiden Sie, den Schüler mit Etiketten oder Stereotypen zu versehen („Der macht immer Stress!" usw.). Solche Etikettierungen sind für die Psyche der Jugendlichen nicht förderlich und beeinflussen auch die Selbstwahrnehmung der Schüler.

› Tipp 42

99 Hilfe im Internet finden

Die folgende Linkliste soll Ihnen Unterstützungsmöglichkeiten beim Umgang mit Unterrichtsstörungen bieten.

Gleich mal ausprobieren

http://www.unterrichtsstoerungen.de
http://www.dagmarwilde.de/fachseminar/unterrichtsstoerungen.html
http://bebis.cidsnet.de/weiterbildung/sps/allgemein/bausteine/stoerungen/
http://www.learn-line.nrw.de/angebote/schulberatung/main/medio/banlass/lernen/untstoer_b.html
http://www.klusemann.onlinehome.de/links1.htm

Register

(Die Verweise beziehen sich auf die jeweiligen Tipp-Nummern.)

Literaturhinweise

Haenisch, Hans (2002): Wie im Unterricht nachhaltiger gelernt werden kann. Erfahrungen von Schülerinnen und Schülern mit ihren Lernprozessen. http://www.qis.at/material/haenisch_nachhaltig%20lernen.pdf (letzter Zugriff am 1. 11. 2008)

Sedlak, Franz (2008): Verhalten verstehen. Verhalten verändern. http://www.schulpsychologie.at/uploads/media/Verhalten_verstehen_web_21-07-08.pdf (letzter Zugriff am 1. 11. 2008)